Michael Nüchtern

Kirche bei Gelegenheit

Praktische Theologie heute

Herausgegeben von

Gottfried Bitter
Peter Cornehl
Ottmar Fuchs
Albert Gerhards
Henning Schröer
Klaus Wegenast

Band 4

Michael Nüchtern

Kirche bei Gelegenheit

Kasualien – Akademiearbeit
– Erwachsenenbildung

Verlag W. Kohlhammer
Stuttgart Berlin Köln

Die Deutsche Bibliothek - CIP-Einheitsaufnahme

Nüchtern, Michael:
Kirche bei Gelegenheit :
Kasualien - Akademiearbeit - Erwachsenenbildung /
Michael Nüchtern.
- Stuttgart ; Berlin ; Köln : Kohlhammer, 1991
  (Praktische Theologie heute ; Bd. 4)
  ISBN 3-17-011726-2
NE: GT

Den Herausgebern von "Praktische Theologie heute" danke ich für die Aufnahme der Studie in ihre Reihe, insbesondere Herrn Professor Dr. Klaus Wegenast für förderliche Kritik.

Die folgenden Seiten wurden sozusagen berufsbegleitend während der vergangenen Jahre geschrieben. Ich widme das Buch der Evangelischen Landeskirche in Baden und den Akademietagungsteilnehmern, mit denen bei vielen Gelegenheiten Kirche erfahren werden konnte.

Karlsruhe, März 1991   Michael Nüchtern

5

Inhalt

0 Die Absicht: Nicht nur Gemeindeaufbau ...

"Gemeindeaufbau" ist zum Brennpunkt für praktisch-theologische Über-legungen in der Kirche während der 2. Hälfte der 80er Jahre geworden.[1] Wenn die Sehnsucht nach "Aufbau" wächst, müssen Trümmer oder Brachland erfahren worden sein. Die Diagnosen sind geläufig: Traditions-abbruch, nachchristliche Gesellschaft, Verlust der Selbstverständlichkeit christlicher Orientierung, religiöser Indifferentismus oder Pluralismus. Das Ziel "Gemeindeaufbau" scheint Perspektiven zu verheißen, wo Verant-wortliche spüren, daß es "so" nicht weitergeht. Zumal in der ehemaligen DDR scheint Gemeindeaufbau das Gebot der Stunde.

Nicht alle freilich, die von "Gemeindeaufbau" reden, meinen dasselbe.[2] Die Differenzen bei der Verwendung des gleichen Begriffs sind nicht unerheblich. Sie betreffen die Gestalt der aufzubauenden Gemeinde und deren Aufgabe in der "Welt" wie die theologische Präzision, mit der die Frage nach dem Subjekt[3] des Aufbauens gestellt und beantwortet wird. In jedem Fall aber läßt die Rede vom "Gemeindeaufbau" an Wachstum und Kontinuität denken, verrät der Begriff eine Orientierung an "Gemeinde", am Netz der Beziehung[4] zwischen mehreren, und nicht so sehr an aktuellen Situationen und wechselnden Bedürfnissen von einzelnen oder von Gruppen.

---

[1] F. Schwarz/Ch. A. Schwarz, Theologie des Gemeindeaufbaus, Neukirchen 1985, 2. Auflage; Rainer Strunk, Vertrauen. Grundzüge einer Theologie des Gemeinde-aufbaus, Stuttgart 1985; Michael Herbst, Missionarischer Gemeindeaufbau in der Volkskirche, Stuttgart 1987; Christian Möller, Die Lehre vom Gemeindeaufbau, Band I, Göttingen 1987, Band 2, Göttingen 1989. Einen guten Überblick gibt: Herbert Lindner, Programme-Strategien-Visionen. Eine Analyse neuer Gemeindeaufbaukonzepte: PTh 75 (1986), 210ff., und das Themaheft Gemeindeaufbau: ThPr 23 (1988) 2ff.; vgl. hier bes. Theodor Strohm, Lernende Kirche, ebd. 59ff.

[2] Mit Möller kann man unterscheiden zwischen a) volkskirchlichen und b) missio-narischen Konzepten. Letztere könnten noch einmal in missionarisch-ökumeni-sche, missionarisch-evangelistische und missionarisch-charismatische differen-ziert werden.

[3] Christof Gestrich, Gemeindeaufbau in Geschichte und Gegenwart. Theologische Untersuchung und Neubestimmung eines Programmwortes: PTh 75 (1986) 4.

[4] Gestrich sieht in der Wiederentdeckung der Koinoniadimension im Kirchen-begriff den von ihm positiv gewerteten Kern der Gemeindeaufbaubewegung (a.a.O 11).

Mit "Kirche bei Gelegenheit" soll eine Formel in die Diskussion gebracht werden, die ein Gegengewicht zu der gegenwärtig dominierenden Rede vom "Gemeindeaufbau" bildet. "Kirche bei Gelegenheit" läßt nicht Stetigkeit assoziieren, sondern Punktualität, nicht die Architektur eines Körpers, sondern überraschende Schnittpunkte oder wiederkehrende Stationen auf einem Weg. Mit der Wortfolge "Kirche bei Gelegenheit" sollen Konstellationen zu denken gegeben werden, wo sich kirchliches Handeln mit bestimmten thematischen oder biographischen Anlässen treffen kann.

Nicht das stetige Wachstum und verbindliche Gemeinschaft interessiert "Kirche bei Gelegenheit", sondern die Fülle aktueller Verschränkungsmöglichkeiten von Problem- wie Lebenssituationen mit biblischer Orientierung und Vergewisserung[5] - von Fall zu Fall. Solche Verschränkungen sind auf Orte und Dienste angewiesen, an denen sie sich ereignen können. Diese haben den Charakter von "Agenturen" und "Ambulanzen". Sie dienen nicht einem andauernden Betreuungs- oder Gemeinschaftsbedürfnis von immer Gleichen, sondern sind Anlauf- bzw. Sammelstelle für wechselnde Gruppen und fristige (d. h. zeitlich begrenzte) Kontakte.

Im Horizont der auf Kontinuität bedachten Gemeindearbeit beschreibt das Kürzel "Kirche bei Gelegenheit" ein kirchliches Teilnahmeverhalten, das als Problem empfunden und bewertet wird: die bloß punktuelle Teilnahme am gemeindlichen Leben derer, die z.B. ihr Kind taufen oder konfirmieren lassen. Wo ein kirchliches Angebot nach den Bedürfnissen und der Logik der persönlichen oder familiären Biographie "genutzt" wird, stößt sich dies mit den Intentionen des Gemeindeaufbaus.

Es ist unsere These, daß es für die Selbstverständigung der Kirche und der praktischen Theologie über diese in der Gemeinde begegnende "gelegentliche Kirchlichkeit" hilfreich ist, die an der Parochie und überhaupt an "Gemeinde" orientierten Denkgewohnheiten und Maßstäbe durch andere, keineswegs unkirchliche zu ergänzen. In nichtparochialen Handlungsfeldern läßt sich nämlich eine Analogie zum Teilnahmeverhalten etwa bei Taufe und Konfirmation erkennen. Die "Nutzung" einer Beratungsstelle, der Krankenhausseelsorge, einer Einrichtung der Erwachsenenbildung,

---

5 Die Begriffe Orientierung und Vergewisserung werden im Anschluß an D. Rössler, Grundriß der Praktischen Theologie, Berlin 1986, 344ff., verwendet.

eines Angebotes der Evangelischen Akademien folgt wie selbstverständlich der Logik einer Lebens- oder Problemsituation. Die "Gelegentlichkeit" widerspricht nicht, sondern *entspricht* diesen kirchlichen Einrichtungen. Werden die Maßstäbe der "Gemeinde" auf jene Agenturen übertragen, erscheinen sie defizitär. Nimmt man die Einrichtungen der nichtgemeindlichen Werke und Dienste aber als legitime kirchliche Arbeit ernst, müßte man gleichsam auch *umgekehrt*, von ihnen *her* auf die Parochie blicken dürfen, theologische Einsichten der Werke und Dienste auf die Arbeit in der Pfarrgemeinde anwenden. Manche der in der Gemeinde erlebten Spannungserfahrungen könnten so in einem neuen Licht erscheinen. Das Lernen von den Werken und Diensten mit ihren zeitlich begrenzten Aktionen könnte Gemeindepfarrer(innen) aus der Innovationen lähmenden Fessel von Dauerkontakten befreien helfen. Denn nicht Gemeinschafts- und Gruppenpflege ist Aufgabe der Kirche, sondern Verkündigung des Evangeliums an alle und in allen Situationen.

Wir möchten daher zur Diskussion stellen, ob und inwieweit Lösungen aus nichtgemeindlichen kirchlichen Arbeitsfeldern Erfahrungen in der Gemeinde klären und orientieren können. Dabei gilt es, auf die praktisch-theologischen Leistungen dieser Dienste in einer Zeit aufmerksam zu machen, in der die Konzentration auf den "Gemeindeaufbau" sie - zu Unrecht - vergessen läßt[6] und das gebannte Starren auf - angeblich - schwindende Gottesdienstbesucherzahlen und schrumpfende Gemeindekreise zu einer sich selbst erfüllenden Prophetie vom Niedergang der Volkskirche wird.

Im Hintergrund meiner Überlegungen steht eine lange, diskontinuierliche Arbeit mit wechselnden Gruppen und Themen bei Akademietagungen und in der Erwachsenenbildung. Die Erfahrung, daß hier die "Gelegentlichkeit" mit der Art der Arbeit geradezu notwendig mitgesetzt ist, die im Horizont von Gemeinde als Problem empfunden wird, motiviert, die in diesen Institutionen übliche "Gelegentlichkeit" mit der problematischen "Gelegentlichkeit" in der Gemeinde zu konfrontieren.

In einem ersten Schritt soll der oft unglückliche und aporetische Umgang mit dem Phänomen der "gelegentlichen Kirchlichkeit" am Beispiel der

---

6 Vgl. C. Meier, Ortsgemeinde und gesamtkirchliche Dienste zwischen Konkurrenz und Gemeinsamkeit: ThPr 22 (1987) 250ff.

beiden Handlungsfelder Konfirmation und Kindertaufe in der Gemeinde beleuchtet werden. Eine praktisch-theologische Klärung der Tauf- oder Konfirmationspraxis kann dabei nicht geleistet werden, sondern lediglich die Darstellung von Spannungserfahrungen und Widersprüchlichkeiten in ihrer Bearbeitung (s. u. 1.). Die folgende Analyse der beiden nicht-parochialen Einrichtungen "Akademie" und "Erwachsenenbildung" zeigt, wie sich diese relativ jungen Institutionalisierungen kirchlichen Handelns als Agenturen von "Kirche bei Gelegenheit" verstehen lassen (2.). Sie bieten produktiv das an, was im Zusammenhang von Gemeinde als spannungsvoll erlebt wird: die Nutzung von Kirche für nicht ohne weiteres kirchliche Zwecke. Als offene Agenturen suchen und ermöglichen sie Schnittpunkte zwischen aktuellen Problemen, lebensgeschichtlichen Bedürfnissen und christlicher Wahrheit.[7] Kirche tut hier ausdrücklich das, was sie z.B. bei Konfirmation und Taufe auch - aber z. T. mit schlechtem Gewissen - tut. Sie ist - um Schlagworte zu gebrauchen - nicht an "Einge-meindung" interessiert, sondern am aktuellen "Einheimischwerden"[8] des Evangeliums. Es ist unser Vorschlag, die Kasualpraxis in der Gemeinde - auch - in Analogie zu jenen nichtparochialen Arbeitsfeldern als "Kirche bei Gelegenheit" und "Gelegenheit für Kirche" bewußt einzuschätzen und zu gestalten.

"Kirche bei Gelegenheit" bedarf einer "kasuellen" Theologie, die sichert, daß kasuelles Handeln nicht minderes oder uneigentliches kirchliches Handeln ist. Es muß in seinem konkreten, kasuellen Dienst auf die ganze christliche Wahrheit verweisen können. Die elementaren Grundbewegun-gen einer "kasuellen" Theologie sollen in der Absicht dargestellt werden (s. u. 3.), diese Form des kirchlichen Handelns nicht zuerst über Struk-turen, sondern über den Inhalt kirchlich zu "vernetzen".

---

7   Ich verwende den Begriff "christliche Wahrheit" ähnlich wie die EKD-Studie, Christsein gestalten, Gütersloh 1986, als zugegebenermaßen unscharfen Sammel-begriff. Von Paul Althaus, Die christliche Wahrheit, Bd 1, Gütersloh 1947, über-nehme ich gerne den historische dogmatische Formulierungen transzendierenden Charakter dieses Begriffs (IIIf., 18ff.).

8   Mit diesem Wort übertrage ich den Begriff Indigenous Theology in einen anderen Kontext. Er soll nicht mehr auf das Recht kulturspezifischer Ausprägungen der christlichen Wahrheit abheben, sondern auf das Recht situativer und lebens-geschichtlicher Ausprägungen.

Ansatz und Aufbau der folgenden Überlegungen lassen sich auch in Form einer Hypothese zusammenfassen, die eine Spiralbewegung beschreibt: *Die Kasualien der Gemeinde können zu einem Schlüssel für das Verständnis nichtparochialen kirchlichen Handelns werden; und das nichtparochiale kirchliche Handeln kann bei der Einschätzung und Bearbeitung der bei den Kasualien in der Gemeinde auftauchenden Probleme helfen.* Kasualpraxis in der Gemeinde und nichtparochiale Handlungsfelder sollen sich *wechselseitig* beleuchten. So geht es uns in der vorliegenden Studie darum, eine neue Perspektive, einen veränderten Zugang zur Kasualpraxis zu gewinnen und plausibel zu machen (nicht um konkrete Gestaltungsvorschläge). Umgekehrt kann die Verknüpfung von nichtparochialem Handeln mit den Kasualien eine Perspektive eröffnen, jenes als spezifisch kirchliches zu begreifen.

1   Kirche bei Gelegenheit als Verlegenheit in der Ortsgemeinde

1.1   Beispiel: Konfirmation

1.1.1 Spannungserfahrungen

a) Am Sonntag nach der Konfirmation wird im Gottesdienst einer badischen Stadtgemeinde bei den Abkündigungen darauf hingewiesen, daß am
kommenden Sonntag nach dem Gottesdienst eine Gemeindeversammlung
stattfinden soll. Der Kirchenälteste, der die Abkündigungen verliest, lädt,
dem vom Pfarrer verfaßten Manuskript folgend, zu dieser Gemeindeversammlung auch die Neukonfirmierten ein. An dieser Stelle blickt der
Älteste in die Runde und bemerkt: "Die sind aber heute nicht da!" Der
Gemeindepfarrer, der zum Sprechen des Segens wieder vor den Altar tritt,
fühlt sich durch diese Bemerkung des Ältesten seinerseits zu einem
Kommentar gedrängt: "Was unsere Konfirmanden betrifft, so wollen wir
ihnen doch gönnen, daß sie sich heute einmal ausschlafen!"

Dieses zweimalige Abweichen vom vorbereiteten Text beleuchtet Gefühle
des Ältesten wie des Pfarrers angesichts volkskirchlicher Konfirmationen.
Wohl kaum geht es dem Ältesten nur um die neutrale Mitteilung einer
Beobachtung. Der Pfarrer meint, das Fehlen der Konfirmanden entschul-
digen zu müssen. Warum? Vor wem?

> Anspruch der Konfirmation und kirchliche Lebensordnung stehen in Span-
> nung zur wahrgenommenen Wirklichkeit. Von daher kann der Ärger aus den
> Konfirmatoren immer wieder hervorbrechen: "So bemerken wir heute drei
> schwache Seiten der Konfirmation: 1.) Uns wird klar, daß wir nicht 'konfir-
> mieren' im Sinne des Wortes und nach der ursprünglichen Intention ... 2.) Die
> obligate Konfirmation ... wird zweifelhaft. Die Jugend jahrgangsweise unter
> gesellschaftlicher Nötigung in die Kirche zu führen, wird mehr und mehr als
> Verzerrung des Glaubens empfunden, denn die Freiheit des Glaubens, seine
> Freiwilligkeit und persönliche Begründung, wird nicht anschaulich ... 3.) Dem
> Prozeß der Konfirmierung fehlt eine spürbare Verbindung zur Gemeinde.
> Wenn die Taufe - an sich ein Inkorporationsakt in die Gemeinde als Leib und
> Volk Christi - keine sozialen Bezüge entwickelt hat und das Reden von der
> Gemeinde hohl werden ließ, so gilt das noch mehr von der Konfirmation ...
> Sie wollen nicht - sie lernen nicht - sie bleiben nicht: Die Freiwilligkeit wird

verdeckt, die Lebensfunktion ist nicht erkennbar und die Gemeindebindung fehlt."[9]

b) Auf einem Seminar mit Kirchenältesten zur Arbeit mit Konfirmanden ist eine Einheit "... und nach der Konfirmation?" überschrieben. Wir sehen uns als Einstieg den Film "Es waren ihrer Zehn ..." an. In heiterer Form erzählt der schwedische Streifen, was 10 Konfirmandinnen und Konfirmanden mit einer überdimensional großen Bibel anzufangen - oder auch nicht anzufangen wissen, die ihnen bei der Konfirmation gewissermaßen als Symbol für den christlichen Glauben überreicht wird. Im Gespräch über den Film sind schnell die Sorgen auf dem Tisch, die sich die Ältesten darüber machen, daß nach der Konfirmation so wenige "dabei bleiben": Es gelinge nicht, die Konfirmanden in die Gottesdienstgemeinde zu integrieren. "Wenn ich sehe, daß nach der Konfirmation die vordere Bankreihe leer ist, gibt es mir einen Stich." Erfahrungen über geglückte und weniger geglückte Versuche der Jugendarbeit werden ausgetauscht. Eine Wendung nimmt das Gespräch durch die Frage: "Und wie war das bei Ihnen nach der Konfirmation?" - "Ich hatte die Nase voll von der Kirche", sagte eine Teilnehmerin. Durch den Rückblick auf die eigene Biographie wurde bewußt, daß es kaum eine bruchlose Karriere von der eigenen Konfirmandenzeit ins Ältestenamt gab. Vor allem wurde deutlich, daß prägende Erlebnisse oft außerhalb der Konfirmandenzeit und der Gemeinde lagen: z. B. im Religionsunterricht. Die eigene Biographie trat in Spannung zu den "professionellen" Zielen als Kirchenälteste.

c) Bei einer Tagung der Evangelischen Akademie Baden zum Konfirmationstag wurden Konfirmandenväter gebeten, Stichworte für die Tischrede eines Vaters bei der Konfirmation zu notieren; Mütter sollten eine solche der Mutter, Pfarrer und Älteste Stichworte für die Predigt aufschreiben. Die Stichworte für die Predigt kreisten - ausgehend vom Abendmahl - um das Thema "Gemeinde": Ein Leib, viele Glieder; wir sind verschieden, aber aufeinander angewiesen und füreinander da; Christus schließt uns alle zusammen. Die Tischrede der Mütter wollte die Entwicklung des Kindes darstellen, mit Hilfe von Fotos, Zeichnungen, lustigen Aussprüchen usw.;

---

9 Peter Stolt, Die Konfirmation - oder: Von der Unwahrhaftigkeit der Kirche, in: Radius 1965, 43ff.; zitiert in: Konfirmandenzeit von 11 - 15?, hg. v. J. Bode/W. Flemmig/H. D. Kaufmann, Gütersloh 1985, 8f.

die Tischrede des Vaters war demgegenüber auf die Zukunft gerichtet: Zumutung von Verantwortung, Eröffnung von Rechten und Pflichten in der Familie. Zur Verwunderung der Teilnehmer spiegelten die Tischreden von Vater und Mutter klassisch eine bürgerliche Rollenverteilung in der Familie. Betroffen aber machte, daß die Stichworte zur Predigt und die Stichworte zu den Tischreden der Eltern so wenig miteinander zu tun hatten: Familienfeier hier und Gemeindefeier dort! Kann der Glaube, so wurde gefragt, die Lebensprobleme, die in den Reden der Eltern angesprochen werden, nicht auch beleuchten?

d) Bei einer anderen Tagung mit Konfirmandeneltern, Konfirmanden und Kirchenältesten aus unterschiedlichen Gemeinden waren die Teilnehmer zu Beginn gebeten worden, aus einer Anzahl Fotos mit Alltagssituationen das Bild herauszuwählen, in dem sie ihre persönlichen Empfindungen und Gedanken zum Thema "Konfirmation" ausgedrückt finden. Oliver, 14 Jahre alt, wählt das Foto von Autofelgen, die hübsch in Reih und Glied in einem Regal auf Käufer warten. Er schreibt darunter: "Jahrgangsweise Antreten zum Segnen". Auf Nachfrage präzisiert er, daß ihn die "Massenabfertigung", das Unpersönliche an der Konfirmation störe. Die wenig ältere Anna kann das so nicht finden. Sie hat das Bild eines Hochzeitspaares gewählt: die Braut in weiß, der Bräutigam im dunklen Anzug. Sie sagt ohne Ironie: "Für mich ist die Konfirmation ein wichtiger Tag - wie die Hochzeit in der Kirche vielleicht!"

Überdenkt man diese vier geschilderten Situationen, so drängt sich das Resümee auf, daß sich in der Konfirmation verschiedene "Geschichten" verschränken, die Geschichte der Gemeinde und der für sie besonders Verantwortlichen mit ihren möglichen Konflikten untereinander so wie die Geschichte der Familie mit ihren unterschiedlichen Interessen und Wünschen (Jugendliche, Vater, Mutter ...). Nehmen die Gemeindeverantwortlichen den Konfirmationsjahrgang so wahr, als stehe ein Stück der Zukunft der Geschichte der Gemeinde auf dem Spiel, so geht es den Eltern um die Rekonstruktion und Zukunft ihrer Familiengeschichte und dem Jugendlichen um das Bedürfnis, einmal selbst im Mittelpunkt einer Geschichte zu stehen. Spannungserfahrungen im Zusammenhang mit der Konfirmation ergeben sich aus enttäuschten und vor allem nicht deckungsgleichen Erwartungen der daran Beteiligten. Wird von den einen erhofft, daß sie die

Verbindlichkeit der christlichen Existenz in der Gemeinde fördere und dem Gemeindeaufbau diene, so verbindet sich mit der Konfirmation auf der anderen Seite die Erwartung, in einer aktuellen lebengeschichtlichen Situation ernst genommen und gefördert zu werden. Je mehr die Gemeinde "ihre Geschichte" bei der Konfirmation thematisiert, desto weniger achtet sie auf die Geschichten der Familien mit den Jugendlichen. Hochinteressant ist aber dann die Beobachtung, daß die Familie die Konfirmation in der Kirche, die intentional und ausdrücklich oft wenig auf ihre Situation eingeht, doch im großen und ganzen so gut "nutzen" und "verwerten" kann, während die Gemeindeseite sich mißbraucht, unverstanden und enttäuscht fühlt!

Indem wir die wenigen, zum Teil zufälligen und auch mehrdeutigen geschilderten Situationen zu abstrakten Aussagen gerinnen lassen, vereinfachen wir sicher ein kompliziertes Geflecht. Das Recht zu der Abstraktion in die genannte Richtung ergibt sich aus den Studien und empirischen Untersuchungen zur Kirchenmitgliedschaft, die nach der Bedeutung der Konfirmation fragen.[10]

Tatsächlich gehört die Konfirmation hinter der kirchlichen Bestattung und noch vor der Kindertaufe und der kirchlichen Trauung auch im städtischen Bereich zu den "begehrteren" Amtshandlungen. Die wachsende Zahl von ungetauften Jugendlichen im Konfirmandenunterricht beweist die Akzeptanz der Konfirmation. Auch in der Erinnerung schneidet die Konfirmandenzeit gut ab. Dabei erhalten die Zahlen der jüngsten Umfrage von 1984 ihren Stellenwert durch den Vergleich mit der entsprechenden Umfrage, die 10 Jahre vorher stattgefunden hat.[11] Danach haben diejenigen, die ihren Konfirmandenunterricht eher ablehnend beurteilen, in den letzten Jahren um ca. ein Drittel abgenommen. Fast zwei Drittel der 14- bis 24jährigen Kirchenmitglieder haben den Pfarrer in positiver Erinnerung, über die Hälfte fand den Unterricht ganz interessant, man ist gerne hingegangen. Die Bemühungen um eine Reform des Konfirmandenunterrichts in den

---

[10] Was wird aus der Kirche? Ergebnisse der zweiten EKD-Umfrage über Kirchenmitgliedschaft, hg v. J. Hanselmann, H. Hild, E. Lohse, Gütersloh 1984, 99ff. Vgl. dazu: J. Matthes (Hg), Kirchenmitgliedschaft im Wandel, Gütersloh 1990.

[11] Wie stabil ist die Kirche? Bestand und Erneuerung. Ergebnisse einer Umfrage, hg. v. H. Hild, Gelnhausen-Berlin 1974.

70er Jahren haben also deutliche, auch statistisch nachweisbare Früchte getragen. Neben der positiven Erinnerung an den Pfarrer erreicht unter den Jüngeren die gute Erinnerung an die Gruppe den zweithöchsten Prozentsatz. Altersgenossen, Klassenkameraden sind in dieser Lebensphase eine wichtige Bezugsgruppe. Das Gruppenerlebnis außerhalb der Familie gehört zu den Stärken der Konfirmandenzeit.[12]

Die markante Bedeutung[13], die die Kirchen der Konfirmation - z.B. in ihren Lebensordnungen - zuweisen, hat sie formal betrachtet für die Mehrheit der evangelischen Kirchenmitglieder auch: daß man konfirmiert ist, ist eines der am meisten akzeptierten Merkmale, an denen sich zeigt, ob man evangelisch ist oder nicht. Die Merkmale, daß man zur Kirche geht oder die Bibel liest, prägen das "Bild des Evangelischen" viel weniger. Bei den Meinungen über die Bedeutung der Konfirmation stehen die "kirchlichen" Interpretationen im Vordergrund: Berechtigung, am Abendmahl teilzunehmen; Bestätigung der Taufe. Betont wird auch der Entscheidungscharakter, die Selbstbestimmung über Kirche und Glaube, die persönliche Entscheidung über die Kirchenmitgliedschaft. Auffällig ist, daß die Deutungen, die Konfirmation sei vor allem eine Familienfeier und eine gute alte Tradition, je am Schluß der Skala stehen, die nach dem Sinn der Konfirmation fragt. In einer Spannung von Familienfeier und kirchlichem Akt denken die Kirchenmitglieder offenbar nicht (s. o.). Das heißt: Die Deutung, Mißbrauch einer kirchlichen Handlung für eine Familienfeier, kennzeichnet die kirchlichinstitutionelle Perspektive, nicht die der Betroffenen!

Betrachtet man die Ergebnisse der großen Kirchenmitgliedschaftsuntersuchungen insgesamt, so fällt aber auf, daß gegenüber den positiven Eindrücken auf der Beziehungsebene die Erinnerungen an die Konfirmation auf der Inhaltsebene anders ausfallen.[14] Natürlich spiegelt sich darin auch ein Sprachproblem, nämlich die Schwierigkeit, das, was man glaubt und meint, in Worte fassen bzw. in bestimmten Begriffen unterbringen zu können. Aber das Ergebnis bleibt doch bemerkenswert, daß die Items, die am nächsten an die in den Lebensordnungen formulierten Ziele des

---

12 Was wird aus der Kirche? 177ff.

13 Was wird aus der Kirche? 99ff.

14 Was wird aus der Kirche? 179f.

Konfirmandenunterrichts heranreichen, die geringste Zustimmung erfahren. Vergleicht man die Erinnerungen an die Konfirmandenzeit mit der Austrittsneigung, zeigt sich, daß z.B. das positive Pfarrerbild kein hinreichender Grund ist, Kirchenmitglied zu bleiben. Die Erinnerung an den Pfarrer und die Gruppenerlebnisse im Konfirmandenunterricht ist auch bei denen ausgesprochen positiv, die angeben, baldmöglichst aus der Kirche austreten zu wollen. Die Austrittsneigung wird erst da geringer, wo Eindrücke nicht nur auf der Beziehungs-, sondern auch auf der Inhaltsebene positiv sind. Zwar darf man nicht dem Fehler verfallen, aus einem statistischen Zusammenhang eine Kausalbeziehung zu machen, aber kirchliches Handeln darf dieses Ergebnis nicht übersehen. Könnte es bedeuten, daß das Netz der "Gelegenheiten", wo sich kirchliches Handeln mit bestimmten Lebenssituationen trifft, dichter zu knüpfen ist?

Die EKD-Kirchenmitgliedschaftsuntersuchungen führen der Kirche die Akzeptanz und die Wertschätzung der Konfirmation vor, die Prägungen, die in ihnen stattfinden: vor allem das positive Pfarrerbild und die positive Erinnerung an eine begrenzte Zeit gemeinsamen Erlebens im Kreis Gleichaltriger. Sie führt der Kirche aber auch vor Augen, daß das Erreichen bestimmter allgemeiner inhaltlicher Ziele, "lernen, was es heißt, ein Christ zu sein", wohl nur unvollkommen gelingt. Andererseits decken die Zahlen von sich aus nicht eine Deutung, wonach die Wertschätzung der Konfirmation "weltlich" ist, während die Mißerfolge "geistlich" sind. Die Umfragen machen es zur Aufgabe, die Schnittpunkte aktueller Lebenssituationen von Familien mit der christlichen Wahrheit realistisch wahrzunehmen, einzuschätzen und produktiv zu bearbeiten.

1.1.2   Lösungsversuche

1.1.2.1 Die "Vergemeindlichung" der Konfirmandenzeit

"Es erreichen uns immer öfter Stimmen engagierter Christen und Gemeindegruppen, die sich mit den gegenwärtigen durchschnittlichen Verhältnissen im Konfirmandenunterricht um der jungen Menschen willen nicht mehr abfinden wollen und auf Veränderungen drängen. Unter Eltern, Presbytern, Pfarrern und pädagogischen Mitarbeitern, nicht zuletzt unter den jungen Menschen selbst, gibt es nach unseren Beobachtungen eine erhebliche Zahl, die unruhig geworden sind und sich fragen, ob in den Gemeinden und kirchlichen Gremien nicht eine unverantwortliche Anpassung an die Mehrheitsverhältnisse volkskirchlicher Religionsausübung stattgefunden hat, die sowohl dem Evangelium und dem Auftrag der Kirche widerspricht als auch dem, was viele junge Menschen offen oder verdeckt erwarten und als Hilfe brauchen ..."[15]

Die Maßnahmen, die in der Studie "Konfirmandenzeit von 11 bis 15?" vorgeschlagen werden, gehen von der Spannung zwischen den theologisch formulierten, in Lebensordnungen festgehaltenen Zielen der Konfirmation und dem in dieser Perspektive nur unbefriedigenden Ergebnis aus. Sie zielen auf eine Verbesserung des gemeindlichen Erfolges der Konfirmation.[16] Das Problem, das bearbeitet werden soll, ist das der Gemeindeverantwortlichen: das Wegbleiben der Konfirmanden in der Gottesdienstgemeinde nach der Konfirmandenzeit.

Krankheitsdiagnose der Konfirmationspraxis und bisherige Therapiefehler werden von den Autoren klar formuliert: "Junge Menschen, die in ihrer Kindheit in der Regel nur Formen einer säkularisierten und neutralisierten volkskirchlichen Religion kennengelernt und den Glauben nicht mehr als eine ganzheitliche Weise zu leben und zu denken erfahren haben, können in 1 bis 1 1/2 Jahren kirchlichen Unterrichts die missionarische und lebensgestaltende Kraft der christlichen Botschaft nicht erfahren und ihre Einstellung nicht verändern."[17] Da die bisherige Form des Konfirmandenunterrichtes die gemeindliche Sozialisationsleistung nicht vollbracht hat, schlägt man Veränderungen in zwei Richtungen vor: a) die Konfirmanden-

---

15   J. Bode/W. Flemmig/H.B. Kaufmann, Thesen zur Form des Konfirmandenunterrichts - eine Herausforderung an die Gemeinde, in: Konfirmandenzeit von 11 - 15?, Gütersloh 1985, 106 = PTh 74, 1985, 121.

16   Man wird darin eine Gegenbewegung zu dem z. B. durch D. Stoodt vorgetragenen Plädoyer für die "Kirchliche Begleitung Jugendlicher in der puberalen Ablösephase" (WPKG 62, 1973, 375ff.; vgl. auch W. Neidhart, Konfirmandenunterricht in der Volkskirche, Zürich 1964) sehen müssen. Zur Entwicklung der Theologie der Konfirmation vgl.: C. Bäumler/H. Luther (Hg), Konfirmandenunterricht und Konfirmation. Texte zu einer Praxistheorie im 20. Jahrhundert: ThB 71, München 1982, und K. Wegenast, Konfirmandenunterricht und Konfirmation, in: Gemeindepädagogisches Kompendium, hg. v. G. Adam u. R. Lachmann, Göttingen 1987, 314ff.

17   Konfirmandenzeit von 11 - 15?, 107.

zeit muß verlängert werden; b) Konfirmandenarbeit soll "entschult" und auf "Leben in der Gemeinde", "Ganzheitlichkeit" hin geöffnet werden. Das heißt, Konfirmanden sollen durch Kontakte mit Gemeindegliedern christliches Leben "erfahren und durch Beteiligung erlernen". Denn: "Glauben lernt einer, indem er teilnimmt und erfährt, wie Christen glauben, leben und lehren ... Glauben, Leben und Lehren ist Umschreibung einer christlichen Lebenspraxis, die nicht auf bestimmte Veranstaltungen, wie Gottesdienste, Konfirmandenunterricht usw., beschränkt werden kann, sondern diese umgreift".[18] Durch Teilnahme am Leben von Christen, nicht durch Auswendiglernen, soll der Jugendliche in der Konfirmandenzeit letztlich eine Art "Kontrasozialisation"[19] zur neutralisierten, volkskirchlichen Religionsausübung erfahren. Nicht Kasualstreik, sondern Integration der Kasualien in ein geistliches Gemeindeaufbauprogramm ist auch die Lösung, die Fritz Schwarz/Christian A. Schwarz vorschlagen.[20] In einer anderen Sprache und ohne die pädagogische Grundlegung wird hier durchaus formal ähnlich wie in "Konfirmandenzeit von 11 bis 15?" die gemeindliche Spannungserfahrung bei den Kasualien bearbeitet.

Bei diesem Reformansatz der Konfirmationspraxis verdient Beachtung, wie das durch die Kirchenmitgliedschaftsuntersuchung erkannte Defizit des Konfirmandenunterrichts in inhaltlicher Hinsicht mit Hilfe differenzierter pädagogischer Überlegungen bearbeitet wird: Lernerfolg stellt sich nur ein, wenn der Lernstoff nicht nur Theorie bleibt, sondern personal vermittelt und sozial abgesichert ist. Die Thesen von Bode/Flemmig/Kaufmann liegen dabei in der Tendenz der in den letzten Jahren durch die Bildungskammer der EKD veröffentlichten Studien und Materialien, die die Ganzheitlichkeit und lebensgeschichtliche Verankerung von Lernprozessen betonen.[21] Gegenüber einer Konfirmanden-

---

18 A.a.O. 15.

19 Diesen Begriff gebraucht P. M. Zulehner, Heirat - Geburt - Tod. Eine Pastoral zu den Lebenswenden, Wien 1976, 32ff., obwohl er die "Auswahlchristen" nicht abwertet und es ihm eher als in "Konfirmandenzeit von 11 - 15?" auf eine Vermittlungsaufgabe ankommt.

20 A.a.O (Anmerkung 1), 242ff.

21 Vgl. Zusammenhang von Leben, Glauben und Lernen. Empfehlungen zur Gemeindepädagogik, Gütersloh 1982. Zur Einbettung von Glaubensprozessen in Lebensprozesse vgl. auch K. E. Nipkow, Grundfragen der Religionspädagogik, Band III, Gemeinsam Leben und Glauben lernen, Gütersloh 1982.

pädagogik, die bloß den Lernstoff durch allerlei bunte Medien munter aufputzt, erscheint die Studie "Konfirmandenzeit von 11 - 15?" zweifellos eine Vertiefung, weil sie Konfirmationspraxis in Gemeinde und Gemeinde in Konfirmandenarbeit integriert.[22]

Auf der anderen Seite fallen die Abblendungen auf, die diese Bearbeitung der Spannungserfahrungen im Zusammenhang mit der Konfirmation vornimmt:

a) Man tut so, als sei die Konfirmandenzeit und die Gemeinde die einzige Agentur, wo gelernt wird, was es heißt, ein Christ zu sein. Abgeblendet ist, da der Wahrnehmungshorizont ausschließlich gemeindlich ist, der Erfahrungsraum Religionsunterricht und die übergemeindliche Jugendarbeit. Die Feige-Studie[23] verweist mehrfach auf die Bedeutung gerade dieser Agenturen. Dem verlängerten Konfirmandenunterricht in der Gemeinde wird eine ungeheure Last aufgebürdet, ohne zu überlegen, ob er sie tragen kann.

b) In der Abwertung von dem, was ebenso despektierlich wie plakativ "volkskirchliche Religionsausübung" genannt wird, fallen zugleich die in der bisherigen Konfirmationspraxis wirksamen Motive von Eltern und Jugendlichen unter den Tisch. Ein Versuch, zu ihrem religiösen und christlichen Sinn vorzudringen, wird nicht unternommen.[24] Man schaut "von der Gemeinde her" auf die "Welt" und entdeckt dort eher das Fremde. Undiskutiert bleibt in "Konfirmandenzeit von 11 - 15?", was die Streckung der Konfirmandenzeit für die Beteiligung an und die Akzeptanz der Konfirmation bedeutet. Im Blick auf die Kirchenmitgliedschaftsuntersuchungen wäre zu sagen: Man setzt nicht da an, wo sich die Stärke der bisherigen Konfirmationspraxis zeigt (Gruppe, Ritus, fristiger Kontakt), sondern, wo sich Schwächen zeigen. Man fördert nicht "die Gesundheit", sondern will "die Krankheit" therapieren.

---

[22] Zu diesem wechselseitigen Verhältnis vgl. auch: H. Barié, Predigt braucht Konfirmanden, 1989.

[23] A. Feige, Erfahrungen mit Kirche. Daten und Analysen einer empirischen Untersuchung über Beziehungen und Einstellungen junger Erwachsener zur Kirche, Hannover 1982, 137ff. u. ö.; ders., Kirchenmitgliedschaft in der Bundesrepublik Deutschland, Gütersloh 1990.

[24] Anders z. B. H. Wegenast, a.a.O. 333 und W. Gräb, Liturgie des Lebens: PTh 77, 1988, 319ff.

Der für mich kaum auflösbare Widerspruch in der Schrift freilich ist, daß sie die verlorene Einheit von Glaube und Leben durch zwar entschulte, aber gleichwohl pädagogisch organisierte Maßnahmen wiederherstellen will.[25] Bleibt aber nicht in dem Moment des Organisierens stets ein Stück Entfremdung erhalten? Klärungsbedürftig ist daher vor allem der Lebensbegriff der Studie. Ich werde den Verdacht nicht los, daß sie Leben sogleich als christliches Leben (in spezifischer Form) versteht. Der Glaubensbegriff hat dann den Lebensbegriff ganz aufgesogen.[26] Beide stehen sich nicht mehr gleich ursprünglich gegenüber. Das Leben gibt unterschiedlichen Ausformungen von Glauben ein Recht. Die tragende pädagogische Erkenntnis von "Konfirmandenzeit von 11 - 15?", die Verschränkung von "Glaube" und "Leben", könnte entgegen der Intention der Schrift dazu auffordern, über die Gemeinde hinauszudenken und hinauszufragen nach den Leistungen der Konfirmation für Familie und Lebensgeschichte der Betroffenen. Es ginge dann weniger um eine Art "Gegensozialisation"[27] als um eine (christliche) Deutung und Begleitung der Sozialisation. Damit würde realisiert, daß der Ort, wo Glaube wirksam wird, nicht nur die "Gemeinde" ist, sondern ebenso: Familie, Beruf, "Welt", das Leben in seiner Gesamtheit. Die entscheidende Frage ist also, ob die Kasualie intentional eine Maßnahme zur "Eingemeindung" ist oder

---

25 Kritisch zu der einseitig gemeindepädagogischen Ausrichtung der Konfirmationspraxis: W. Gräb, Liturgie des Lebens, a.a.O. 327: "Die Konfirmation widersetzt sich dem katechetischen Interesse".

26 Die Studie definiert: "Das Stichwort Lebensgeschichte steht hier für die Aufgabe, die christliche Grunderfahrung in die Lebenswelt des Kindes einzuführen", 9. Diese gemeindepädagogische Ausrichtung bringt die Gefahr mit sich, nicht mehr zwischen der kirchlich-institutionellen Gestalt des Glaubens, der Geltung von Bibeltexten usw. und ihrer subjektiven Aneignung differenzieren zu können. Aber: "Glaube ist nicht immer schon feststehende und verbindlich ausformulierte Lehre, die normativ-deduktiv in den Unterricht eingebracht werden müßte, sondern ein Prozeß, in dem es je neue Aspekte zu entdecken gilt, andere wieder verschwinden. Der so je neu zu bedenkende Glaube, seine Sprache und die in ihm aufgehobene Lebensorientierung stehen mit der persönlichen Entwicklung des Jugendlichen und der Kirche und KU umgebenen Gesellschaft in einem funktionalen Zusammenhang." (Wegenast, a.a.O., 330).

27 Mir scheint, daß hinter der Studie letztlich doch die nur durch einen Akt der Unterwerfung vermittelbare Kluft zwischen "Gemeinde" und "Welt" steht. Kritisch dazu: Y. Spiegel, Gesellschaftliche Bedürfnisse und theologische Normen: ThPr 6 (1971), 212ff.; K. Will, Sinngebung und Lebenshilfe. Zur theologischen Theorie der Amtshandlungen, Europ. Hochschulschriften, Frankfurt 1983.

ein kirchlicher Dienst in einer aktuellen Lebenssituation. Als was sie sich dann im Effekt erweist, ist keine Frage der Absicht allein!

1.1.2.2 Kasualien als Familien-Gottesdienste

Rainer Albertz und Ferdinand Ahuis[28] haben sehr betont eine der eben vorgestellten geradezu entgegengesetzte Position in die Diskussion gebracht. Sie vertreten die Auffassung, daß sich aus dem Horizont der Gemeinde Amtshandlungen wie die Konfirmation nicht begründen lassen: "Entweder die Kirche versteht sich ausschließlich als bekennende Gemeinde auf dem Weg zwischen Auferstehung Christi und seiner Parusie, die die primären und sozialen Bindungen des Menschen hinter sich gelassen hat, dann soll sie die Amtshandlungen abschaffen. Aus einem einlinig, streng christozentrisch aufgefaßten Evangelium ... läßt sich die Amtshandlungspraxis der Kirche theologisch nicht begründen". Theologisch begründen lassen sich die Amtshandlungen aber aus dem biblischen Zeugnis, wonach sich Gottes Handeln als "segnendes" auf den einzelnen in seiner Lebensgeschichte, vor allem in der Familie, bezieht: "Die Notwendigkeit der Amtshandlungen wird sich nur dann begründen lassen, wenn die Kirche anerkennt, daß sie als Gemeinde auf dem Weg zwischen Auferstehung und Wiederkunft Christi immer auch eine Schar von Familien bleibt, und zwar nicht primär als etwas Negatives, als 'eine Verhaftung in der Welt', die sie von ihrer eigentlichen Aufgabe abhält, sondern ... als etwas Positives, was von Gott so gewollt ist".[29]

---

28 R. Albertz, Persönliche Frömmigkeit und offizielle Religion, CTM 9, Stuttgart 1978. Diese alttestamentliche Habilitationsschrift enthält einen wichtigen praktisch-theologischen Schlußteil, aus dem wir zitieren (198ff., 206); F. Ahuis, Der Kasualgottesdienst zwischen Übergangsritus und Amtshandlung, CTM 12, Stuttgart 1985; ders., Wie sind Kasualgottesdienste für prinzipielle Nichtkirchgänger theologisch zu verantworten? Welche Konsequenzen für das Kirchenverständnis hat das? ThPr 23, 1988, 138ff. Ich beziehe mich auf diese beiden Autoren und nicht auf Theologen des "reformorientierten Typs" des KU, weil es mir um die Einschätzung der Kasualie und nicht um den Unterricht geht und weil Ahuis und Albertz die theologische Differenz zur Gemeindeorientierung m. E. am deutlichsten theologisch produktiv auf den Begriff gebracht haben.

29 Albertz a.a.O.

Albertz und Ahuis berufen sich auf Claus Westermanns Unterscheidung zwischen einem "segnenden", auf den Lebensbogen des Menschen bezogenen, und einem aus Sünde und Tod "rettenden" Handeln Gottes.[30] Beide Handlungsweisen sind nach Westermann gleichwertig, dürfen aber nicht miteinander vermischt werden. Ahuis begründet die Amtshandlungen deswegen nicht im "rettenden" Handeln Gottes, sondern in den biblischen Aussagen über die Menschenschöpfung. Kasualien sind der gottesdienstliche Reflex des schöpfungsmäßig gewollten menschlichen Lebensbogens. Kasualgottesdienste - Ahuis erläutert dies vor allem am Beispiel der Konfirmation - sind konsequent auf Gebet und Segen zu zentrieren. Der biblische Klagepsalm des Einzelnen und das Gotteslob der kleinen Gruppe bilden ihr Muster.[31] Albertz nennt die Kasualien "in diesem Sinne" Familiengottesdienste: "Im Mittelpunkt steht das Geschehen zwischen Gott und dieser Familie. Sie ist der eigentliche Träger der gottesdienstlichen Feier, sie zieht den Pfarrer nur als Hilfe ..." hinzu.[32]

Durch den Aufweis einer Linie familiärer, "nicht offizieller Frömmigkeit" gerade in der Bibel soll einerseits dem Pfarrer die Angst genommen werden, sich mit etwas "Heidnischem" abzugeben, andererseits sollen die Kasualien aus den "Reglementierungsversuchen offizieller (gemeindlich-kirchlicher) Theologie" befreit werden.[33] Es ist das Verdienst von Albertz und Ahuis, die "Religion der Familie" rehabilitiert zu haben. Sie haben ferner deutlich gemacht, daß die ausschließliche Gemeindeperspektive zur Abblendung der Situation der Familie und eben damit zur Abblendung eines Wirklichkeitsbereichs des Handelns Gottes führt.

Man wird den von Albertz und Ahuis vorgenommenen Perspektivewechsel für die Einschätzung der Konfirmation und anderer Kasualien darum

---

30 Der Segen in der Bibel und im Handeln der Kirche, München 1968; ders., Theologie des Alten Testaments in Grundzügen. ATD, Ergänzungsreihe 6, Göttingen 1978.

31 Ahuis, Kasualgottesdienst zwischen ..., 126ff.

32 Albertz, 207. Ganz anders werden Kasualien in einem uneigentlichen Sinn als Familiengottesdienste bezeichnet, indem man kurzerhand die Gemeinde als Familie versteht: Eugene I. Brand, Kirche als Familie. Eine neue Konzeption für Taufe und Amtshandlungen in den amerikanischen lutherischen Kirchen. Reihe Gottesdienst 6, Hamburg 1976.

33 Ahuis, a.a.O. 157.

25

schwerlich überschätzen können. In der Kasualpraxis spiegelt sich nun das universale, jeden Menschen betreffende Schöpfungshandeln Gottes. Die Konfirmation ist so, streng genommen, nicht ein Punkt der christlichen Biographie, sondern der menschlichen Biographie, die jeder Christ nicht aufhört zu leben. Anders ausgedrückt: *Kasualien sind nicht darin begründet, daß Menschen Christen sind, sondern daß Christen Menschen sind.*

Von Albertz/Ahuis möchten wir festhalten, daß die Kasualie nicht zureichend im Gemeindehorizont verstanden werden kann, sondern sich aus der Geschöpflichkeit des Menschen ergibt und sich um Deutung und Gestaltung von Lebensgeschichten bemüht. In der Kasualie realisiert die Gemeinde, daß sie an den Möglichkeiten und Bedingungen des durch die Schöpfung Gottes gewährten Lebens teilhat. Der Dienst der Gemeinde für das Leben steht hier zur Diskussion.[34]

Die Frage ist aber, ob Albertz/Ahuis die Differenz zwischen "segnendem" und "rettendem" Handeln Gottes - in bestimmter und begreiflicher Frontstellung - nicht überschätzen. Wie können sie vermeiden, daß der segnende Gott und der rettende Gott auseinanderfallen, daß der Ruf zum und die Befestigung im Glauben völlig isoliert wird von der Rekonstruktion der Lebensgeschichte im Vertrauen auf Gott? Die Dichotomie zwischen segnendem und rettendem Handeln Gottes kann dazu verführen, die Gemeinde "entweltlicht" und die Lebensgeschichte unkirchlich zu denken. Gewiß sind die Krisen des Lebens nicht identisch mit der Krise, vor die Gottes Wort den Menschen stellt. Aber in, mit und unter den Krisen des Lebens ruft Gott den Menschen zum Glauben, der kein anderer ist als der auch in Taufe und Abendmahl gewährte. Die konkrete Situation der Lebensgeschichte ist "Anlaß zum Wiedererkennen" (vgl. u. 3.1) von Situationen der Heilsgeschichte; in der "Segensgeschichte" kann die "Rettungsgeschichte" aufscheinen.

Weiterhin wäre zu fragen, ob bei Albertz/Ahuis das komplizierte Verhältnis zwischen privater, familiärer und öffentlicher, gemeindlicher

---

[34] Hier ist an die "Leistungen der Liturgie" (D. Rössler, Praktisch-theologisches Handbuch, 205ff.) und des Ritus (W. Jetter, Symbol und Ritual, Göttingen 1978, 87ff.) für das Leben zu denken. Sehr schön verknüpft R. Starck die Liturgie der Konfirmation mit der Lebenssituation der Betroffenen in: Konfirmation. Gottesdienstpraxis Serie B, Gütersloh 1990, 7ff.

Religion zureichend beschrieben wird. Die Gemeinde vermag mit ihren Handlungen etwas für die Familie zu leisten, und die Familie nutzt gerade die Gemeinde als von ihr unterschiedenen Ort. Der "Gang" in die Kirche entlastet die Familie, zunächst sehr äußerlich, von der Begehung einer lebensgeschichtlichen Situation. Dabei erinnert die Familie der Gang in die Kirche, daß ihr etwas widerfährt, was nicht nur ein privates, sondern ein allgemeines Schicksal ist: Kinder werden geboren, wachsen heran, Menschen sterben. Umgekehrt dokumentiert und feiert die Gemeinde, daß sie am durch die Schöpfung Gottes ermöglichten Leben teilhat und daß gerade diese Teilnahme am Leben ihr "Gelegenheit" gibt, ihre Botschaft auf ein Stück Leben bezogen auszudrücken. Mit diesen letzten Sätzen möchte ich aus der unglücklichen Alternative herauskommen, ob sich die Gemeinde den Bedürfnissen der Kirchenmitglieder unterwirft oder umgekehrt die Mitglieder den Reglementierungen der offiziellen Kirche. Der Dienst ist ein wechselseitiger (vgl. 2.2.3 und 3.1).

In der "puberalen Ablösephase" ist es für Jugendliche zudem sinnvoll, den Bereich der Familie auch zu verlassen, Gruppenbindungen und "neue Mütter und Väter" zu erleben. Die Spannung zwischen Familie und Gemeinde kann die Spannung des Jugendlichen zwischen Familienbindung und Familienablösung spiegeln und vielleicht bearbeiten. Eine Auflösung der Spannung - in welche Richtung auch immer - wird so gerade dem lebensgeschichtlichen Ort der Konfirmation nicht gerecht. Tatsache ist, daß sich "die private Religion der Familie" in der "offiziellen Religion der Gemeinde" - bei *dieser* Gelegenheit - wiederfinden kann (s. o.).

Die Konfirmation ist ein Familienanlaß, der die Familie zum Nutzen der Familie transzendiert und transzendieren muß.[35] Die Familie "geht" bei der Konfirmation an einen anderen Ort, in die Kirche, aber nicht, um dort zu bleiben, sondern um die Erfahrung dort für den Fortgang der eigenen Geschichte zu nutzen und zu verwerten. Vereinfacht kann man sich dies durchaus als Spiralbewegung vorstellen. Eltern können bei der Segnung der Kinder vernehmen, daß "Schutz und Schirm" für die Kinder nicht auf-

---

[35] J. Scharfenberg, Einführung in die Pastoralpsychologie, UTB, Göttingen 1985, spricht davon, daß die Konfirmation den Jugendlichen nicht in der Familie stabilisiere, sondern davon "losreiße" (131).

hört, wo ihr Wirkungsbereich endet;[36] Jugendliche können vernehmen, daß "Kraft und Hilfe zu allem Guten" auch jenseits der Ressourcen der Familie ist. Scheitert also bei der Konfirmation womöglich die gewünschte Beheimatung in der Gemeinde, so muß etwas anderes damit keineswegs scheitern: der Versuch, die christliche Wahrheit aktuell in der lebensgeschichtlichen Situation zu entdecken und heimisch werden zu lassen.

---

[36] Vgl. W. Gräb, Liturgie des Lebens, a.a.O.

1.2 Beispiel: Kindertaufe[37]

1.2.1 Spannungserfahrungen - die Probleme der Pfarrer sind nicht die der Eltern

"Ein heftiger, innerkirchlicher Streit um die rechte Verwaltung des sacramentum baptismi bahnt sich an ... Daß die volkskirchliche Kindertaufe allerdings 'eine Wunde am Leib der Kirche und eine Krankheit der Getauften' zu werden droht, bestreiten heute nicht einmal ihre theologischen Verfechter".[38] Das vor über 20 Jahren angesagte innerkirchliche Gewitter um die rechte Verwaltung des Taufsakraments hat sich kaum reinigend entladen. Der Streit ist abgeebbt und brodelt doch zugleich fort.

Der Pfarrer

Er brodelt fort in der Person des Sakramentsverwalters, wenn die Taufe eines Kindes angemeldet wird. "Meine gegenwärtige Situation ist geprägt von einer Spannung zwischen meinem theologischen und meinem kirchlichen Ich ... Mich stört nichts mehr als meine eigene Inkonsequenz ... Die Taufe ist zu einem festen Bestandteil des Gemeindealltags geworden. Durch ihre enge Verbindung mit gesellschaftlichen und kirchlichen Formen hat sie ihre ursprüngliche Sprengkraft verloren ... Taufe heißt doch eigentlich, aus dem Bestehenden heraustreten, sich einer neuen Geschichte anvertrauen, die nicht selten eine Gegengeschichte ist, das Bestehende in Frage stellt. Ich will gewiß nicht lieblos das Argument abwerten, das oft als Begründung des Taufwunsches zu hören ist, 'Herr Pfarrer, wir wollen nicht, daß unser Kind einmal diskriminiert wird'. Aber hier überfällt mich die Frage, welche Funktion die Taufe angenommen hat und was ich dabei tue...."[39]

Diese Selbstreflexion eines Gemeindepfarrers erhellt den Umgang mit und das Leiden an der Spannung zwischen dem, was er an Zielen und Idealen mit der Taufe verbindet, und dem, was er bei denen an Zielen und

---

[37] Dieses Kapitel nimmt Gedanken aus meinem Aufsatz, Konfliktfeld Kasualien: PTh 71, 1982, 508ff., auf und führt sie weiter.

[38] PTh 57 (1968), 355.

[39] Zitiert nach: Chr. Lienemann-Perrin (Hg), Taufe und Kirchenzugehörigkeit: FBEStG 39, Stuttgart 1983, 58f.

Wünschen erkennt oder vermutet, die ihr Kind zur Taufe anmelden. Der Pfarrer versteht die Taufe gleichsam als Heraustritt aus einer alten und bewußten Eintritt in eine neue Geschichte. Er nimmt wahr, daß sie demgegenüber eher als Bestätigung der alten Geschichte verwendet wird. Von seiner Situation her muß er die alte Geschichte als Geschichte der Familie identifizieren und die neue als verbindliche christliche Existenz in der Gemeinde. Sichtbare "Eingemeindung" ist die Taufe nicht. Ich finde es erschreckend, wie wenig der Pfarrer - befangen in seinen Problemen - so zu erkennen gibt, daß auch eine Familie durch ein neugeborenes Kind in eine neue Phase ihrer Geschichte tritt.

Die Eltern

Wenig findet sich in der Literatur[40] darüber, wie dieselbe Situation auf der anderen Seite wahrgenommen wird, auf seiten der Taufeltern, bei denen der Pfarrer falsche Motive vermutet. Wie ist die Patzigkeit zu erklären, mit der man ihn oft vor vollendete Tatsachen stellt: "In zwei Wochen soll unser Kind getauft werden!" Wie die Barschheit, mit der man der Motivforschung des Pfarrers entgehen will: "Sie müssen doch besser wissen als wir, warum wir das Kind taufen lassen!" Zeigt sich hier Unsicherheit, Angst oder eine Selbstverständlichkeit des Taufwunsches, die problematisierenden Theologen fremd ist? Die "apologetische Haltung" sogenannter distanzierter Kirchenmitglieder in anderen Lebenssituationen ("Ein Kirchenrenner bin ich nicht, aber ...") und das Pfarrerbild der Kirchenmitglieder[41] lassen es als möglich erscheinen, daß Taufeltern den Kontakt mit dem Pfarrer als einem Repräsentanten bestimmter Normen, die sie in ihrer Biographie nur unvollständig zu erfüllen meinen, als durchaus spannungsvoll erleben. "Das religiöse Selbstverständnis der meisten Kirchenmitglieder scheint an einem tief verankerten Minderwertigkeitsgefühl zu leiden, das durch die Schwierigkeit erzeugt wird, die eigene Lebensmöglichkeit zum Erwartungshorizont der Institution Kirche ins Verhältnis

---

40 Vgl. aber neuerdings Theophil Müller, Konfirmation, Hochzeit, Taufe, Bestattung. Sinn und Aufgabe der Kasualgottesdienste, Stuttgart 1988. Sehr schön wird das "Erfahrungsfeld", auf das sich Kasualien beziehen, mit theologischen Überlegungen verbunden; zur Taufe 118ff.

41 Vgl. Was wird aus der Kirche?, 105.

zu setzen."[42] Der Rückgang von Babytaufen in den letzten Jahren läßt sich von hier aus als Strategie der Spannungsvermeidung interpretieren, bzw. als enttäuschte Reaktion darauf, daß die eigenen religiösen Lebensmöglichkeiten in der kirchlichen Taufe kaum aufgenommen und gedeutet werden. Wenn die Taufe als "Schwellenritus" an Bedeutung verliert, wie Christian Grethlein[43] vermutet, so mag die Theologie daran nicht unschuldig sein. Eine Kirche, die sich weigert, die lebenszyklische Bedeutung der Taufe ernst zu nehmen, darf sich nicht wundern, wenn dies von den Kirchenmitgliedern so verstanden wird, daß die Zahl der Babytaufen abnimmt.[44]

Ängste und Hoffnungen angesichts des Neugeborenen

Situation und Motive der Eltern, die ihr Kind (immer noch) als Baby taufen lassen wollen, werden in der praktisch-theologischen Literatur oft als Kontrast zur eigentlichen, theologischen Bedeutung der Taufe verhandelt. "Die Bitte vieler Eltern um die Taufe ihrer Kinder mag weniger in einer Entscheidung für Christus und seine Kirche als in dem Verlangen nach Gottes Schutz und Segen für Kind und Familie begründet sein".[45] Es

---

42 J. Matthes, Soziologische Überlegungen zu den Mitgliedschaftsstudien der EKD (1972/1982) in: Arnoldshainer Protokolle 1/1985, 17f. C. Müller, Die Beteiligung von Eltern und Taufpaten bei der Vorbereitung und Durchführung der Taufe, ThPr 23 (1988),115ff., nennt die Frage nach deren Grund für die Taufanmeldung zutreffend "überfallartig" und "obszön" (120).

43 Taufpraxis heute, Gütersloh 1988, 122ff.

44 Im "Bescheid auf die Hauptberichte der Bezirkssynoden 1981 zum Thema: Amtshandlungen der Kirche als Herausforderung zu missionarischem Handeln" (Gesetzes- und Verordnungsblatt der Evangelischen Landeskirche in Baden, Karlsruhe 21. Juli 1982, 116) heißt es: "Aufhorchen läßt allerdings, daß der Großstadtbezirk Mannheim einen geradezu alarmierenden Rückgang der Taufen meldet: 1970 wurden 91% der geborenen Kinder getauft, 1979 wurden nur noch 69% aller geborenen Kinder getauft. Ähnliches wird aus einem Neubaugebiet und aus einer Innenstadtgemeinde in Heidelberg berichtet: Etwa ein Drittel der Kinder, die den Kindergarten oder die Grundschule besuchen, sind nicht getauft". Sicherlich sind diese Zahlen nicht nur tauftheologisch verursacht, die Kirche ist aber auch nicht nur einfach ein Opfer gesellschaftlicher Entwicklungen! Vgl. Joachim Matthes, Gottesdienst und Gesellschaft, Referat vor der Generalsynode der VELKD am 16. Oktober 1990, epd-Dokumentation 46/90, 1ff.

45 Amtshandlungen. Eine Stellungnahme der Arnoldshainer Konferenz, 1977, 19. Typisch ist, wie hier die Entscheidung für Christus und seine Kirche dem Wunsch nach Gottes Schutz gegenübergestellt wird. Anders sehen es Autoren, die nicht zufällig aus der Erwachsenenbildung kommen: C. Gäbler u.a., Taufgespräche in Elterngruppen, Zürich 1976. Die Vorschläge für die Taufelternseminare sind so

wird auf familiären und gesellschaftlichen Erwartungsdruck als Taufmotiv hingewiesen und auf den fürsorglichen Wunsch, dem Kind nichts schuldig zu bleiben.[46]

> In der Kirchenmitgliedschaftsuntersuchung von 1982[47] finden interessanterweise die ITEMS "Die Taufe ist vor allem eine Familienfeier", "Ein Kind wird getauft, damit ihm für die Zukunft nichts verbaut wird" und "Ein Kind wird getauft, weil die meisten es so machen", also die "weltlicheren Motive", die geringste Zustimmung! An der Spitze stehen hier eher kirchliche Deutungen bzw. solche, die die Integration in die Kirche herausstellen. Liegt das nur daran, daß gleichsam objektiv nach dem Sinn der Taufe gefragt wurde und man seinen Katechismus irgendwie kann, oder deutet sich hier wiederum an, daß der Gegensatz - kirchliche/weltliche Motive - so von den Kirchenmitgliedern nicht vollzogen wird?

Die Konflikte, die Ambivalenzen, die archaischen Hoffnungen, die in der Psychologie als Haltung von Mutter und Vater zumal dem Neugeborenen gegenüber beschrieben werden, finden in der Kindertaufdiskussion nur sehr kühl und unanschaulich als "Wunsch nach Bewahrung" Erwähnung. Hier zeigt sich eine Abstraktion von der Lebenssituation ohnegleichen. Tatsächlich ist "die Einstellung zum Kind ... von einem außerordentlich mannigfaltigen Motivationsgefüge bestimmt." Wie es "Angst vor dem Kind" als Angst vor dem Neuen, was mit ihm da ist und was es bedeutet, gibt, so "verkörpert (das Kind) die Hoffnung auf eine bessere Welt ... Es geht auch um die Hoffnung, daß das Kind an die Stelle der eigenen nicht gelungenen Selbstverwirklichung treten möge ...", oder um die Hoffnung, durch das Kind "die eigene Egozentrizität übersteigen zu können. In diesem Sinn wird das Kind mitunter als Erlösung erlebt".[48] Hoffnungs-

---

aufgebaut, daß jeweils "Erfahrungen der Eltern" und "Perspektiven des Kindes" mit "biblisch-theologischen Gesichtspunkten" vermittelt werden sollen.

[46] Lienemann-Perrin, 49 und Grethlein 38ff.

[47] Was wird aus der Kirche?, 100.

[48] H. Molinski, Schwangerschaft als Konflikt, in: H. Poettgen, Die ungewollte Schwangerschaft, Köln 1982, 82, 85. Indem psychoanalytische Forschung die unbewußten Motive der sogenannten unerwünschten Schwangerschaft untersuchte, bekam sie die Ambivalenzen auch der erwünschten Schwangerschaft zu Gesicht: Markus Merz, Unerwünschte Schwangerschaft und Schwangerschaftsabbruch in der Adoleszenz, München 1979; O. Jürgensen, Schwangerschaft als seelischer Konflikt, in: Abtreibung und Lebensgeschichte, Herrenalber Texte 56, 1984, 34ff. Zur Ambivalenz vergleiche auch: E. Beck-Gernsheim, Vom Geburtenrückgang zur neuen Mütterlichkeit, Fischer-Taschenbuch 1984, besonders 125ff.; dies., Die Kinderfrage. Frauen zwischen Kinderwunsch und

überschwang ist gepaart mit der Furcht, daß das Kind die eigene Identität verletzen könnte. Die zum Teil unbewußte innerpsychische Spannungssituation der Eltern gegenüber dem Neugeborenen wird man kaum überschätzen können.

Die starke emotionale Beteiligung geht einher mit dem neuerdings deutlich erkennbaren Wunsch, Schwanger-, Mutter- und Elternschaft bewußt zu erfahren. Der Trend zur Hausgeburt[49] offenbart das Bedürfnis, die Geburt des Kindes als starkes, emotional bewegendes Ereignis zu erleben und vor allem selbst zu gestalten und ihm nicht durch Kliniktechnik entfremdet zu werden. Aus den Berichten von Betroffenen über eine solche Geburt spricht ein archaisches Erschüttert- und Fasziniertsein. Bei der Geburt wird sicherlich das erfahren, was Dietrich Rössler[50] allgemein als Merkmale religiöser Erfahrung hervorhebt: die Unverfügbarkeit, Erneuerungsbedürftigkeit und Überholbarkeit menschlichen Lebens.

Wenn die Deutung der Situation der Eltern unzureichend bleibt, ist es nicht verwunderlich, daß die Motive als dem Taufgeschehen gänzlich fremd angesehen werden. Die theologische Diskussion um die Kindertaufe hat sich der Aufnahme und der Bearbeitung der "Gebärerfahrungen" oft genug gleichsam männlich entzogen, indem sie die Taufe abstrakt als Entscheidung für Christus und Kirche begreift, statt nach dem Einheimischwerden oder der Wiedererkennbarkeit (s.u. 3.1) des Evangeliums in der lebensgeschichtlichen Situation der Eltern zu fragen.

Soweit ich weiß, ist in unserer Zeit zuerst Joachim Scharfenberg[51] aus diesem Zirkel ausgebrochen. Ausgehend von der Frage, warum so viele Eltern ihre Kinder taufen lassen, ohne diesen Schritt rational begründen zu können, vermutet er, das Taufbegehren müsse unbewußt motiviert sein. Das Taufsymbol müsse in einem Zusammenhang mit Erfahrungen der Eltern stehen, die diesen nicht voll bewußt sind. In einer Zeit, wo es nur

Unabhängigkeit, München 1988. Zur Rolle des Vaters: H. Bonorden, Mann wird Vater. Anmerkungen, Berichte, Nachfragen, München 1989.

49 Sheila Kitzinger, Die natürliche Alternative. Warum Hausgeburt? dtv 1988, 175ff.

50 Grundriß der Praktischen Theologie 70.

51 Psychoanalytische Randbemerkungen zum Problem der Taufe: ThQ 154 (1974) 3ff. (Zitat S. 9); ders. /H. Kämpfer, Mit Symbolen leben, Zürich 1980, 167f.

erlaubt sei, gegenüber Kindern das Gefühl der Freude und des Wohl-
wollens zuzulassen, würden alle negativen Gefühle verdrängt. Scharfenberg bringt daher den durchaus aggressiven Taufritus des Untertauchens,
des Ersäufens des alten Adams, mit den verdrängten aggressiven Impulsen
der Eltern in Verbindung: "Es scheint mir deshalb nicht unwahrscheinlich,
daß die Attraktivität der Taufe in der Möglichkeit besteht, den eigenen
unbewußten Aggressionen gegen das Kind einen symbolisch verschlüssel-
ten, deshalb nicht weniger entlastenden Ausdruck zu verleihen und so den
Grundkonflikt der Ambivalenz in gewisser Weise zu bearbeiten, ohne ihn
voll ins Bewußtsein rücken zu müssen".

Scharfenbergs Vorgehen sei vor allem deswegen als wegweisend heraus-
gestellt, weil es durch eine tiefere Sicht der Situation der Eltern gekenn-
zeichnet ist und *gerade so* überraschende Beziehungen zwischen Form und
Inhalt des Taufgeschehens und der Kindertaufmotivation freilegt. Es kann
hier nicht darum gehen, zu beurteilen, ob seine psychoanalytische Deutung
des Kindertaufwunsches berechtigt ist. Entscheidend ist, daß sie eine
Möglichkeit aufweist, das, was die Kirche traditionell bei der Taufe tut,
transparent zu machen für die Situation der Betroffenen.[52] Lebenssituation
und christliche Botschaft können sich so wechselseitig erhellen.

Empfindungen und Erfahrungen angesichts von Elternschaft lassen sich
vielleicht nicht auf das Bedürfnis nach Entlastung von aggressiven Impulsen hin vereindeutigen und reduzieren. Der in unserer Gesellschaft zuneh-
mende Wunsch, es dem Kind "an nichts fehlen zu lassen",[53] also auch nicht
an Religion und Kirche, der der großen Fürsorglichkeit und Nähe in der
modernen Familie entspringt und sicher ein Motiv für die Kindertaufe ist,
wird in der Taufhandlung ebenfalls produktiv bearbeitet. Das Kind
bekommt die "ewige Seligkeit" zugesprochen und wird durch die "Einver-
leibung in Christus" im tiefsten der fürsorgenden Macht der Eltern auch
gnädig entzogen.[54] So wird der Wunsch der Eltern über die Maßen erfüllt
und gerade so "aufgehoben". Diese Leistung der Kindertaufe ist kognitiv

---

[52] Ebenso finden sich die Eltern in dem, was die Kirche auftragsgemäß an
Symbolen und Bildern anbietet, so wieder, daß ihre Lebensgeschichte orientiert
und vergewissert wird.

[53] Hierzu Grethlein a.a.O. 131ff., 141. Zur Ambivalenz dieses Wunsches vgl. E.
Beck-Gernsheim (Anmerkung 48).

[54] Scharfenberg, Einführung in die Pastoralpsychologie, 131.

durch ein Taufseminar kaum einholbar, aber sehr wohl durch Teilnahme am Ritus und behutsames Zudenkengeben erspürbar, da Eltern, wie Scharfenberg zeigt, immer auch andere als fürsorgende Wünsche dem Kind gegenüber haben.

1.2.2 Lösungsversuche: Integrale Amtshandlungspraxis und Streckung der Kasualie

Vom "Fall" zum "Prozeß"

Die praktische Theologie hat in den letzten Jahren die Spannung, die sie zwischen dem Bedürfnis der Tauffamilie und dem theologischen Sinn der Taufe vermutete, vielfältig zu bearbeiten versucht. Daß zumindest in der Literatur Vermittlungen gefunden wurden, lag auch an einer solche Vermittlung begünstigenden "Großwetterlage". In dieser traf der beobachtbare statistische Rückgang der Babytaufen zusammen mit einer neuen theologischen Aufgeschlossenheit für Riten und einer Wiederentdeckung des Lernens in der Gemeinde. Auf diesem vielfältigen Hintergrund konnte sich eine Begrifflichkeit entwickeln, durch die der Weg zur Aufhebung der Spannung gewiesen zu sein schien.

Die vermittelnden praktisch-theologischen Formeln, die die volkskirchlich übliche Kindertaufe von ihrer theologischen "Anrüchigkeit" (Karl Barth) befreien und die Alternative Säuglings-Gläubigentaufe überholen wollten, lassen sich in Begriffen wie "Taufe als Prozeß"[55], als "Weg",[56] "Integrale Amtshandlungspraxis"[57] und "Streckung der Kasualien"[58] entdecken. Sie signalisieren eine Akzentverschiebung von der Diskussion um den Kasus selbst zum Achten auf sein Umfeld als eines wichtigen und chancenreichen gemeindlichen Arbeitsbereiches. Man blickt also nicht mehr auf den ein-

---

55 R. Leuenberger, Taufe in der Krise, Stuttgart 1973, 52ff., 87ff.

56 F. Schulz, Zur Liturgik der kirchlichen Handlungen insgesamt: WPKG 69 (1980), 104ff.

57 J. Matthes, Volkskirchliche Amtshandlungen, Lebenszyklus und Lebensgeschichte, in: J. Matthes (Hg), Erneuerung der Kirche. Stabilität als Chance. Folgerungen aus einer Umfrage, Gelnhausen 1975, 83ff.

maligen Akt, wie Eltern für ihr Kind die Taufe begehren, sondern bezieht die Vorgeschichte und die Nachgeschichte der Amtshandlung mit ein.

Vor allem Robert Leuenberger hat 1973[59] in der Kindertaufdiskussion die Augen für das wesenhaft Prozeßhafte der Taufe geöffnet. "Die Taufe zeigt sich nun bezogen auf den gesamten Prozeß der Eingliederung in die Kirche als den Leib Christi. ... Auf diesen Prozeß als ganzes muß sich die Aufmerksamkeit richten." Das bedeutet: "... Das erste Thema der Tauftheologie und das erste Ziel einer Taufreform (bildet) das Katechumenat, verstanden als der Lernweg, in dem die Einübung in das Leben und in den Glauben der Kirche erfolgt." Die neutestamentliche Korrelation von Taufe und Glaube wird so zur Geltung gebracht, daß der Glaube der Taufe folgen soll. Entscheidend ist in unserem Zusammenhang, daß Leuenberger die Aufmerksamkeit auf Maßnahmen und Aktionen der Kirche lenkt, die die Einübung des mit der Taufe Begonnenen gewährleisten sollen. So erscheint beinahe wichtiger als der Taufakt nun der Taufweg, wichtiger als der Ritus der Taufe ihre flankierenden Maßnahmen. Diese Akzentverlagerung geschieht freilich, um die Praxis der Kindertaufe, für die vieles spricht, als sinnvoll zu rechtfertigen. Sie wird als Akt tendenziell nivelliert, um sie gerade als sinnvollen Akt erhalten zu können.

Daß die liturgische Amtshandlung mit seelsorgerlichen oder andragogischen Elementen "gestreckt" werden müsse, ist breiter Konsens: "So tun sich weite Felder kasusbedingter, also auch im Bewußtsein der Mitglieder kirchenspezifischer Aktivitäten auf: Elternarbeit mit Taufeltern; Verzahnung von kirchlicher Unterweisung und Jugendarbeit; Arbeit mit werdenden und soeben getrennten Ehepaaren ..."[60] Im "Fall" werden also eine Fülle weiterer "Fälle" entdeckt, die nicht nur bearbeitungswürdig und bearbeitungsnötig sein sollen, sondern vor allem die mit der Taufe vollzogene Eingemeindung sichern sollen. Indem sich der Blick von Gottesdienst und Ritus wegwendet auf die "kasusbedingten Aktivitäten", soll sich der Pfarrer nicht mehr als "Zeremonienmeister" mißbraucht fühlen. Das

---

58 G. Kugler/H. Lindner, Trauung und Taufe: Zeichen der Hoffnung, München 1977, 38 u.ö.

59 Leuenberger, 89f.

60 EKD-Kirchenkanzlei, Kirchenaustritte als Herausforderung an kirchenleitendes Handeln, Hannover 1977, 19. Vgl. auch: Grethlein, Taufpraxis heute, Gütersloh 1988.

Bedürfnis der Mehrheit der Kirchenmitglieder nach einer Begleitung in Lebenssituationen scheint sich so mit den Zielvorstellungen einer missionarischen Gemeindepraxis zu treffen. Die Kasualie steht nicht mehr isoliert da. Was Kugler/Lindner und die EKD-Studie über die "Kirchenaustritte als Herausforderung an kirchenleitendes Handeln" ausführen, erscheint wie eine späte Antwort auf Rudolf Bohrens Frage, ob unsere Kasualpraxis eine missionarische Gelegenheit sei.[61] Die Antwort lautet: Nicht der Kasualgottesdienst an sich, sondern die Bearbeitung und Nutzung des Umfeldes der Kasualie bieten Chancen für eine "lebendige Volkskirche".[62] Was punktuell als nicht gelingend angesehen wird, die Vermittlung von Elternmotivation und theologischem Taufsinn, wird gleichsam "auf dem Wege", "auf der Strecke" erhofft. Die Legitimität der Taufpraxis muß sich im Prozeß einer Eingemeindung beweisen, die über "bloße" Kirchenzugehörigkeit hinausgeht.[63] Letztlich wird sie an das Gelingen der flankierenden Maßnahmen geknüpft.

Wir halten ausdrücklich fest, daß ein anderer Zugang zu einer Vermittlung nicht gewählt wird: die Taufhandlung *selbst* transparent zu machen für die Situation der Eltern bzw. in der lebensgeschichtlichen Situation den theologischen Taufsinn wiederzuerkennen (vgl. u. 3.1). Die Rede von der "Streckung der Kasualien" ist oft von einem Glauben an Lernen und Aufklärung getragen, wohingegen sie eine Skepsis gegenüber bloß ritueller Teilnahme bezeugt. P.M. Zulehner[64] spricht kritisch davon, daß dadurch "die Riten einer Belastung durch Pädagogisierung ausgesetzt werden". Die "Streckung der Kasualie", die eigentlich das Taufgeschehen erhellen soll, kann gerade umgekehrt Tiefe und Sinngehalt des Ritus selbst einebnen: "Was nämlich durch den missionarischen Eifer eingeengt wird, ist die Offenheit und kreative Freiheitlichkeit und Wirkkraft der Rituale, die ihre Wirksamkeit in sich tragen und nicht erst dadurch bekommen, daß man

---

61 Unsere Kasualpraxis - eine missionarische Gelegenheit? ThEx 83, München 1960.

62 Kugler/Lindner, 38f.

63 So verstehe ich auch: Grethlein, Taufpraxis; ders., Kindertaufe - Kasualie und/oder Sakrament: ThPr 23 (1988), 108ff.

64 Artikel "Ritus und Symbol in volkskirchlicher Situation": HPTh 4, Gütersloh 1987, 40f.

denen, die sich auf ein Ritual einlassen, eine bestimmte Wirksamkeit vorzeichnet".

Daß die Vermittlungsbemühungen der 70er Jahre nicht einen Zustand der Harmonie herbeigeführt haben, zeigt sich an drei Symptomen:

1.) Wo die seelsorgerliche Verpflichtung einer Lebenswendenbegleitung bejaht wird, man aber keine Verbindung zum theologischen Sinn der Taufe sehen kann, bricht immer wieder die Forderung nach einem Ritus der "Kindersegnung"[65] auf. Liturgien für "Danksagungen" (nicht "Segnungen") sind inzwischen von Synoden verabschiedet.[66] Die Kindersegnungsdiskussion ist auch die Konsequenz einer Entfremdung. Das, was Kirche auftragsgemäß in der Taufe tut, wird in keiner Weise als transparent für die Situation der Betroffenen angesehen. Die Betroffenen selbst, die die Taufe wollen, erkennen ihre Situation aber in der Taufe wieder.

2.) Das Studienprojekt der Evangelischen Studiengemeinschaft zu Taufe und Kirchenzugehörigkeit tendiert insgesamt dahin, die Reihenfolge Taufe - Lernweg des Glaubens umzukehren.[67] Man will also das alte, der Taufe vorlaufende Katechumenat erneuern und es als "eigenständige Form der Zugehörigkeit zur Kirche anerkennen" (Huber). So würde an der notwendigen freien Gehorsamsentscheidung des Täuflings in der Taufe festgehalten und Kirche doch nicht zur Sekte, zur abgeschlossenen Gruppe. Bekennende, missionarische Gemeindekirche "mit offenen Grenzen" - das ist das Modell, das die Studie propagiert. Taufe wird hier so sehr als Eingemeindung in eine verpflichtete Gemeinschaft verstanden, daß der Taufsinn kaum transparent ist für die Familiensituation. Zweifellos ist die Taufe dann aber transparent für andere lebensgeschichtliche Situationen, in denen einzelne Identität in einer Gruppe oder Bewegung neu suchen und finden. Inwiefern bestimmte lebensgeschichtliche Situationen für die Taufe eher transparent sind als andere, darüber wäre dogmatisch zu streiten!

---

[65] Vgl. K. Barth, Kirchliche Dogmatik IV, 4, Zürich 1967, 213.

[66] z. B. Verhandlungen der Landessynode, Evangelische Landeskirche in Baden, ordentl. Tagung 12.10. bis 17.10.1986, 240ff.

[67] Lienemann-Perrin (Hg), Taufe und Kirchenzugehörigkeit, a.a.O.

Gemeindeaufbau und/oder integrale Amtshandlungspraxis

Die gemeinsame Begrifflichkeit, integrale Amtshandlungspraxis oder Taufe als Prozeß, kann verdecken, daß der Sinn der Begriffe schillert oder sogar differiert, je nachdem, welches Gewicht volksmissionarische Anschauungen haben.

Bei Joachim Matthes[68] zielt der Begriff integrale Amtshandlungspraxis auf eine Verbesserung der Symmetrie zwischen dem tatsächlichen (nämlich amtshandlungszentrierten) Teilnahmeverhalten der Kirchenmitglieder und den kirchlichen (nämlich sonntagsgottesdienstzentrierten) Teilnahmeerwartungen. Durch die integrale Amtshandlungspraxis soll dem "Wirklichkeitsverlust" gemeindlicher Aktivitäten, den das von den Mitgliedern beklagte Seelsorgedefizit anzeigt, begegnet werden. Die integrale Amtshandlungspraxis soll bei Matthes näherhin die Differenz zwischen dem objektiven Lebenszyklus und der eigenen Bewältigung der Lebensgeschichte bearbeiten.[69] Dabei soll die Bedeutung einer Geburt, einer Eheschließung "für alle beteiligten Lebenswirklichkeiten" beachtet werden. "Theorie und Praxis der Amtshandlungen sollten darauf eingerichtet werden, nicht nur die jeweiligen unmittelbaren Adressaten, sondern auch und gerade deren engeren Interaktionskreis, vorrangig die gesamte Elternfamilie, einbeziehen zu können ... Sie sollten über die, die konfirmiert und getraut werden, hinaus als Verständigungs- und Vergewisserungsangebot an die wahrgenommen werden, die mit der ... Konfirmation und Trauung ihrer Kinder ... in eine veränderte lebensgeschichtliche Situation versetzt werden". Daß eine Taufe mehrere Generationen in einer Situation antrifft, die es erfordert, sich neu selbst zu verstehen, eröffnet "Anlässe für seelsorgerliche Begleitung und kirchliche Bildungsangebote".[70]

Zwar meint "integrale Amtshandlungspraxis" bei Matthes durchaus die Erweiterung der Kasualie durch Seelsorge- und Bildungsangebote, die Überlegungen von Matthes zielen aber im Kern auf eine Schwerpunktverlagerung kirchlicher Arbeit. Man kann diese Forderung als eine doppelte Entfernung von der üblichen kirchlichen Teilnahmeerwartung verstehen:

---

68 a.a.O. (Anmerkung 57), 83ff.

69 Matthes, 88f.

70 Matthes, 98f.

vom Sonntagsgottesdienst zu den Amtshandlungen, und bei den Amtshandlungen hin zu einer stärkeren Orientierung an den Lebenswirklichkeiten der Betroffenen. Würde man Matthes' These theologisch begründen
wollen, so müßte man im Anschluß an Albertz (und Westerman s.o.
1.1.2.2) sagen, daß der Horizont der Kasualie nicht (nur!) das Christenleben, sondern das *Leben* der Christen ist.

Die EKD-Studie über "Kirchenaustritte als Herausforderung kirchenleiten-
den Handelns"[71], die hier beispielhaft genannt sein soll, nimmt den Begriff
der integralen Amtshandlungspraxis ausdrücklich von Matthes auf, setzt
aber - wie mir scheint - die Akzente in charakteristischer Weise anders. Es
geht ihr um einen "Ansatzpunkt volkskirchlichen Gemeindeaufbaus". Der
Begriff "Gemeindeaufbau" ist ein Deutungswort der Studie, das aus
kirchlich-gemeindlichem Denkhorizont stammt. Wenn die integrale Amtshandlungspraxis als "positiver Anknüpfungspunkt authentischen kirchlichen Handelns" bezeichnet wird, so ist sie auf einen inneren Kreis
eigentlicher kirchlicher Tätigkeit bezogen, dem sie dienen kann und soll.
Rezipiert wird der Begriff also mit der Intention, Gemeinde zu verleben-
digen. Der Begriff wird dadurch gemeindlich domestiziert. Seine Spitze in
der geforderten Verlagerung kirchlicher Handlungsprioritäten ist abgebro-
chen, indem er mit herkömmlichem Gemeindeaufbau harmonisiert wird.
Durch integrale Amtshandlungspraxis sollen die in die Gemeinde eingeholt
werden, die ihr "bei Gelegenheit" begegnen. In diesem Sinn gibt es sogar
bei F. Schwarz/Christian A. Schwarz eine integrale Amtshandlungspraxis.

Jeder Gemeindepfarrer kann zweifellos die Erfahrung bestätigen, daß sich
durch Amtshandlungen Kontakte zu "Randsiedlern" der Gemeinde ergeben
haben, die diese für das Gemeindeleben gewinnen konnten. Ein Netz von
Gemeindekreisen und Bildungsangeboten könnte Beziehungen womöglich
noch leichter und enger knüpfen. Doch dürfen solche Beispiele die Spannung zwischen dem Gemeindeaufbauinteresse und dem volkskirchlichen
Teilnahmeverhalten an Kasualien nicht verdecken. Gewünscht ist - auch
bei der Taufe - die "Kirche bei Gelegenheit", also eine punktuelle Begegnung, in der sich Kirchenzugehörigkeit realisiert. Dies stößt sich mit den
auf Kontinuität bedachten Intentionen des Gemeindeaufbaus. "Das
Grundmotiv, mit dem ... Gemeindeaufbau betrieben wird, heißt Verbind-

---

[71] Hannover 1977, 18.

40

lichkeit, das verlangt kontinuierliche Arbeit mit Gruppen. Genau dem entziehen sich die volkskirchlich Orientierten. Ihre Beteiligung am kirchlichen Leben folgt einer biographischen Logik, die sich weder mit kerngemeindlichen Vereinnahmungswünschen noch mit reformkirchlichen Mobilisierungsinteressen deckt, sondern das Angebot der Kirche in bewußter Auswahl auf ihre lebenszyklisch-biographischen Bedürfnisse bezieht".[72]

Der leicht übersehbare (und faktisch aus einem begreiflichen Harmoniebedürfnis auch übersehene) Zielkonflikt, vor den das Konzept der integralen Amtshandlungspraxis stellt, lautet: Versteht man sie als Mittel des Gemeindeaufbaus, also als Möglichkeit, den Radius der Kerngemeinde zu erweitern, oder meint man damit eine echte Verlagerung der Handlungsprioritäten in Richtung auf diskontinuierliche Arbeit mit Gruppen? Bestimmt der Ort Gemeinde und der Gemeindeaufbau, was integrale Amtshandlungspraxis sein kann, oder bestimmt umgekehrt die im Begrifff integrale Amtshandlungspraxis aufscheinende Orientierung an der Lebensgeschichte, was an verantwortlichem Eingehen auf die aktuellen religiösen Bedürfnisse derjenigen notwendig ist, die an der Kasualie beteiligt sind? Folgt man - um es ein wenig plakativ auszudrücken - der Leitvorstellung "Eingemeindung" oder der Leitidee "Einheimischwerdung" der christlichen Wahrheit in lebensgeschichtlicher Situation? Die Differenz zwischen beiden Leitvorstellungen zeigt sich nicht in der Planung dieses oder jenes Taufelternseminars o.ä., sondern darin, ob das gesetzte Ziel die Orientierung und Vergewisserung der Eltern oder die Integrierung der Familie in eine Gemeindegruppe ist. Sie zeigt sich m. a. W. in der Bewertung von "Kirche bei Gelegenheit". Nicht ob Kasualien "gestreckt" werden sollen, ist die Frage, sondern ob dies um der Betroffenen willen geschieht oder um der Gemeinde willen.

Es scheint so, daß der gemeindliche Wahrnehmungshorizont dazu verführt, die Kasualie nur als Gelegenheit zu Anknüpfung und zu Kontaktaufnahme für den Gemeindeaufbau wertzuschätzen und nicht als aktuelle Gelegen-

---

72 P. Cornehl, Frömmigkeit - Alltagswelt - Lebenszyklus: WPKG 64 (1975), 397f.
    Vgl. W. Jetter, Der Kasus und das Ritual. Amtshandlungen in der Volkskirche:
    WPKG 65 (1976), 214: Es wird "bei Amtshandlungen vor allem, oft ausschließlich der kirchliche Ritus und eine punktuelle Begegnung mit der Kirche gewollt".

heit, die hier und jetzt verantwortlich, das heißt für die Beteiligten orientierend und vergewissernd, zu gestalten ist.

Die inhaltliche Voraussetzung für eine Wertschätzung der Kasualie als punktuelle Gelegenheit ist, daß kirchlicher Auftrag und Bedürfnis/Erwartung der Betroffenen nicht in dem bekannten Widerspruchsmodell gedacht werden, wonach das, was die Kirche mit der Taufe will, etwas ganz anderes ist als das, was die Menschen von der Kirche erwarten. Wilhelm Gräb hat theologisch verantwortet gezeigt, wie dies möglich ist. Er versteht den Wunsch der Betroffenen nach Gottesdiensten aus Anlaß von ... als "das Interesse an einer öffentlichkeitswirksamen Verstärkung der sozialen Anerkennung des familiären Ereignisses". Dabei wird "dieses Leben in seinem Dasein begrüßt, bejaht, gefeiert, ... sein Verlust beklagt und betrauert." Dieses Bedürfnis nach einer "Rechtfertigung von Lebensgeschichten" dränge von sich aus in die Kirche, weil man wisse, "daß die Kirche Gründe hat für die Anerkennung individuellen Lebens ..., die nicht an die empirische Verfassung und das faktische Resultat dieses Lebens gebunden sind". Der Kasus "drängt" in die Kirche, weil es Macht und Möglichkeiten der Familie übersteigt, eine Lebensgeschichte zu rechtfertigen. Die gottesdienstliche Kasualhandlung erhält dann die Aufgabe, die christlichen Gründe für die Rechtfertigung des Menschen elementar und individualisiert zu entfalten.[73] In diesem Konzept finden sich in dem, was die Kirche auftragsgemäß tut, die Erwartungen der Menschen wieder, und zwar so, daß sie weitergeführt werden, etwas zu denken und zu hoffen bekommen. In diesem Konzept erkennt auch die Kirche in dem, was die Menschen von ihr erwarten, die konkrete Relevanz ihrer Botschaft, ihrer Bilder und Symbole wieder. Ein solches Verhältnis wechselseitiger Erschließung ist die inhaltliche Bedingung von "Kirche bei Gelegenheit" (vgl. u. 2.2.3 und 3.).

Elementar stellt der "Gang" der Familie mit dem Kind zur Taufe eine Übergabe des Kindes in einen größeren Zusammenhang und einen Wieder-

---

73 W. Gräb, Rechtfertigung von Lebensgeschichten a.a.O., 32f. Ich halte diese Deutung der Elternsituation für grundlegender und produktiver, als bei der Taufe von formalen Frömmigkeits- bzw. Kirchlichkeitsrastern auszugehen (vgl. W. E. Failing, Religiöse Erziehung in der Familie, in: Gemeindepädagogisches Kompendium, Göttingen 1987, 213ff.) Unbestreitbar ist es wichtig, die Taufe so zu gestalten, daß die Erinnerung an sie erleichtert wird (Failing ebd).

erhalt des Kindes aus diesem Zusammenhang mit entsprechenden Zusagen und Ermahnungen dar. Dieser Vorgang spiegelt sowohl die Geburt selbst als auch eine Fülle weiterer lebensgeschichtlicher Wendepunkte wider. Wird auf diesen elementaren Ablauf geachtet, so zeigt sich, daß Kirche und Gemeinde als besonderer Ort zum "Einheimischwerden" des Evangeliums in der biographischen Situation der Familie mit einem Neugeborenen nötig ist. In diesem Sinne gibt es keine seelsorgerliche Amtshandlungspraxis ohne Gemeinde! Die isolierte Betonung der Eingemeindung, die ausschließlich parochiale Perspektive, kann aber blind machen für die lebensgeschichtliche Situation, d. h. für die "Heimat", die das Evangelium haben soll.

Der Konflikt, der durch die integrale Amtshandlungspraxis nicht gelöst, sondern nur fortgeführt wird, geht um die Wahrnehmung und Wertung der gleichsam transitorischen Nutzung von Gemeinde. Ist die Inanspruchnahme der Taufe illegitim, wenn sie nicht als "Einzug ins Haus der Gemeinde", sondern als Spiralbewegung zu beschreiben ist: von der Familie zum Taufgottesdienst und wieder zurück zu einer (erneuerten?) Wahrnehmung und Gestaltung der Familie? Ist es ein falsches Mitgliedschaftsverhalten, wenn Gemeinde "ambulant", als Kirche bei Gelegenheit genutzt wird?

Der Weg des Lebens

Die Metapher von der "Streckung" der Kasualie enthält einen Sinn, der über die Gemeinde vor Ort hinausweist. Sie kann sich festmachen an der Biographie der Betroffenen. Der Lebenslauf in seiner Unverwechselbarkeit und Einmaligkeit (und nicht zu organisierende, flankierende Maßnahmen der Gemeinde!) ist dann das, worauf sich die Rede vom Prozeßcharakter der Taufe bezieht. In der Aufeinanderfolge von Taufe und Konfirmation hat diese Sicht eine lange Tradition, nur wird man den Taufweg nicht mit der Konfirmation enden lassen dürfen. Deutlich denkt F. Schulz an eine an der Biographie orientierte Streckung, wenn er schreibt: "Für den in der Volkskirche als Säugling Getauften könnten kirchliche Handlungen die Funktion von Konfirmation haben, die den Lebenslauf des Getauften ... als Taufweg qualifizieren. An Stelle der einmaligen ... Konfirmation treten dann mit 'Erstkonfirmation', Trauung ... wiederholte 'Konfirmationen'...".[74] Bei Robert Leuenbergers "Taufweg" kann sogar noch die kirchliche Steuerrechnung Tauferinnerung und Taufpredigt sein.[75]

Die Lebensgeschichte selbst vereint die Begegnungen mit der christlichen Wahrheit - an welchen Orten auch immer - zu Etappen auf dem Taufweg. Dieser Weg ist kirchlich weder machbar noch planbar; machbar und planbar sind aber wohl Stationen und Haltepunkte der Tauferinnerung, die die Sinn- und Deutungspotentiale des christlichen Glaubens in lebensgeschichtliche Situationen einbringen.[76] Nicht ein Netz von Gemeindeveranstaltungen, sondern der *Lebensweg* selbst ist der Ort, wo die in der Taufe rituell dargestellte und vollzogene Entscheidung Gottes für den Täufling entschieden bejaht wird. Er ist der Ort, wo sich das Christsein in unterschiedlichen Bezügen und Dimensionen realisieren wird. Diese Deutung der Metapher von der Streckung der Taufe läßt das Augenmerk auf kirchliche "Wegmarken", Stationen auf dem weiten Feld des Lebens - auch jenseits der Ortsgemeinde - richten (vgl. u. 2.). Zugleich wird das taufende Handeln in der Gemeinde davon entlastet, die Legitimität der Taufpraxis zu gewährleisten, was doch unmöglich ist, oder sogar des Täuflings entschiedene Bejahung der Entscheidung Gottes organisieren zu wollen.

1.3 Zwischenbilanz: offene Fragen

Unser Gang durch die Spannungserfahrungen im Zusammenhang von Konfirmation und Taufe und deren praktisch-theologische Bearbeitung kreiste systematisch gesehen um zwei Probleme:

1. Sind Erwartungen der Kirchenmitglieder in bestimmten Lebenssituationen mit dem Sinn kirchlicher Handlungen und der christlichen Wahrheit vermittelbar?

---

[74] Zur Liturgik ... a.a.O. (Anmerkung 56), 114.

[75] Leuenberger, a.a.O., 125ff., 143.

[76] Vgl. Jetter, Der Kasus und das Ritual, bes. 221f.

2. Wie ist die Spannung zwischen dem punktuellen, biographischen Anregungen folgenden Teilnahmeverhalten der Kirchenmitglieder und den gemeindlichen, Kontinuität verlangenden Teilnahmeerwartungen in der Parochie zu beurteilen?

Für die weitere Arbeit ist es entscheidend, ob die Unterscheidung dieser beiden Problemkreise Zustimmung findet oder ob man meint, es handle sich hierbei um einen einzigen Problemkomplex.

Wo zwischen beiden Problemen nicht unterschieden wird, sagt man etwa: Daß die Bedürfnisse der Kirchenmitglieder mit dem Sinn der kirchlichen Handlung so schwer oder gar nicht vereinbar seien, offenbare sich darin, daß die Kirchenmitglieder eben nur einen punktuellen, gelegentlichen Kontakt zur Gemeinde wollten. Ihr bloß biographisches oder familiäres Interesse beweise, daß sie den Sinn der kirchlichen Handlung nicht akzeptierten. So vertritt man letztlich die These, daß sich die Einheimischwerdung des Evangeliums in einer lebensgeschichtlichen Situation in der Eingemeindung der Betroffenen zeigen müsse.

Ich möchte - schon um einer realistischen Einschätzung der Möglichkeiten der volkskirchlichen Gemeinden willen, aber vor allem prinzipiell - die Einheimischwerdung des Evangeliums und die Eingemeindung in das Netz der Parochie *unterscheiden*. Um das Recht zu dieser Unterscheidung zu begründen, wäre es nun möglich, den Prozeß der kirchlichen Annahme und Wertschätzung von "gelegentlicher" Kirchlichkeit theoretisch und systematisch zu diskutieren. Man könnte dazu vom Einzelnen und seiner Religiosität ausgehen und das kirchliche Handeln darauf beziehen[77]; man könnte mit Henning Luther einen "Perspektivewechsel" praktischer Theologie fordern, die nicht länger Anwalt vorgegebener Größen wie Kirche, Amt, Wort Gottes oder gesellschaftspolitischer Ziele wäre, sondern Anwalt des Subjektes, bei dem Religiöses immer schon wirkt und das mit anderen interagiert und so gebildet wird.[78]

Diese durchaus möglichen und ja auch schon begangenen Wege könnten übersehen lassen, daß die kirchliche Wirklichkeit unser Problem nicht nur

---

[77] So verstehe ich z. B. D. Rössler, Grundriß a.a.O., 63ff., 198ff.
[78] Religion, Subjekt, Erziehung, München 1984, bes. 273ff.

theoretisch bearbeitet hat, sondern auch "praktisch"[79]: in der Errichtung einer Fülle nichtparochialer kirchlicher Arbeitsfelder. Der Anspruch der Parochie, daß sich aus dem Verhältnis zu ihr inhaltliche Schlußfolgerungen über das Verhältnis zur christlichen Wahrheit ergeben, ist von der Kirche selbst aufgegeben oder doch zumindest aufgelockert worden. Dies hat allerdings bisher kaum entscheidende Rückwirkungen auf das Selbstverständnis der Gemeinde und des gemeindlichen Handelns gehabt. Aus dem Blickwinkel anderer kirchlicher Einrichtungen erscheint nämlich das, was im Horizont der Parochie zu Spannungserfahrungen Anlaß gibt, so spannungsvoll nicht. Deswegen soll es im folgenden (s. u. 2) nicht darum gehen, "Kirche bei Gelegenheit" theoretisch zu legitimieren, sondern als etwas ins Bewußtsein zu bringen, was vielfach praktisch "funktioniert", aber immer noch und immer wieder Modell sein kann.

Wir wollen die durchaus strittige Arbeit der Versöhnung der Kirche mit gelegentlichem Teilnahmeverhalten im Spiegel der Geschichte zweier nichtparochialer Arbeitsfelder darstellen. Überparochiale Einrichtungen entlasten die Ortsgemeinde. Vielleicht können sie auch das Teilnahmeverhalten der Kirchenmitglieder in der Parochie in einem neuen Licht erscheinen lassen.

Das inhaltliche Problem, die Vermittelbarkeit von lebensgeschichtlichen religiösen Erwartungen mit dem Sinn kirchlicher Handlungen oder der christlichen Wahrheit, ist mit der Akzeptanz "gelegentlicher Kirchlichkeit" natürlich noch nicht gelöst. Es muß in einem eigenen Gedankengang erarbeitet werden (vgl. u. 3.), der im Kapitel über die Erwachsenenbildung vorbereitet wird. Es stellt sich in den Institutionen für "gelegentliche Kirchlichkeit" anders als in der Parochie. Sind diese Institutionen doch gerade eingerichtet, damit sich in ihnen aktuelle Problemzusammenhänge und christliche Wahrheit verschränken können.

---

[79] P. Cornehl, Artikel Gottesdienst VIII, TRE, Band XIV, 82, fordert, daß die Kirchenleitungen zum Anwalt der Kirchenmitglieder werden sollten, die eine distanzierte oder selektive Kirchlichkeit pflegen. "Die Diskussion darüber darf nicht nur theologisch, sondern muß auch praktisch geführt werden".

2 Kirche bei Gelegenheit als Gelegenheit für Kirche

2.1 Zum Beispiel: Evangelische Akademien

2.1.1 Zum Profil einer nicht-parochialen kirchlichen Einrichtung

"Ich fuhr über bombengeschädigte Straßen nach dem Dorfe Hermannsburg unweit Hannover. Hier diskutierten unter sehr erschwerten Bedingungen, bei Kartoffelsuppe und Schmalzbrot, Journalisten und Zeitungsverleger die Zukunft der deutschen Presse. Sie taten dies nicht in akademischer Verallgemeinerung, sondern mit einem Sinn für die praktische Notwendigkeit ... Schien es doch genau der Zeitpunkt zu sein, um darüber zu reden, warum die Pressefreiheit verlorengegangen war und wie sie zu nützen sei, würde sie wieder zurückkehren. Die Evangelische Akademie bot nicht nur das Forum für eine solche Diskussion, eine Oase des Friedens in einer verwirrenden Zeit, sondern auch theologisch gebildete hauptamtliche Mitarbeiter, die eigens für die Arbeit freigestellt waren". So schildert die Amerikanerin Kathleen Bless ihre Eindrücke von einer Tagung der späteren Akademie Loccum im Jahre 1946.[80]

Die besondere Situation der Nachkriegszeit, die für den, der sie nicht erlebt hat, schwer verstehbar ist, war der Boden, in dem Einrichtungen wie die Evangelischen Akademien entstehen und vor allem gedeihen konnten. Zu Recht hat man die Akademien deswegen "Sprößlinge der Nachkriegszeit" (Paul Rieger) genannt, auch wenn es Vorläufer gegeben hat.[81] Sprößlinge der Nachkriegszeit heißt, daß ein bestimmter "Boden" für ihr Wachsen von Bedeutung war: das Bedürfnis nach freiem Austausch und Gespräch nach 12 Jahren Diktatur und Krisenerfahrungen im Krieg und auf der Flucht; das Image der Kirche, sich in dieser Zeit relativ unkorrumpiert bewahrt zu haben und jetzt als intakte Institution präsent zu sein. All dies traf sich mit dem Organisationswillen und Engagement bestimmter Persönlichkeiten in der Kirche. Historische Gegebenheiten, gesellschaftliche Erwartungen und

---

80   Zitiert nach: H. Weißgerber, Kirche im Vorfeld, Stuttgart 1971, 11.

81   Vgl. dazu H. Bolewski, Bildungsstätten für Erwachsene, in: H. G. Jung (Hg), Gemeinden im Bildungsprozeß, München 1977, 26ff.

Bedürfnisse sowie das Fehlen von Konkurrenz schufen einen einmaligen Nährboden.[82]

Zur ersten Boller Tagung 1945 für "Männer (!) des Rechts und der Wirtschaft" lud der Württembergische Landesbischof als Repräsentant der Landeskirche mit einem Schreiben ein; ebenso lud der Badische Landesbischof 1947 zur ersten Tagung der Evangelischen Akademie in Baden (25.6.-2.7.!) Ärzte und Ärztinnen nach Bad Herrenalb ein. Knüpfte die Arbeit der Akademien an Traditionen des "freien Protestantismus" an[83], so muß man in Akademien auch die Tendenz zur Verkirchlichung dieses freien Protestantismus sehen. Eine entscheidende Frage der Akademiearbeit ist, in welchem Sinn diese Tradition in den Akademien "aufgehoben" ist.

Die oben zitierte Äußerung der amerikanischen Besucherin zeigt jedenfalls, daß die Akademien als besondere Einrichtungen der Kirche wahrgenommen wurden, zu denen man hinreisen mußte, um für eine bestimmte Zeit dort zu bleiben. Akademien wurden, so würde man heute sagen, als eine Art "Biotop" erlebt. Es waren Häuser an bestimmten Orten. Noch Anfang der 60er Jahre kann der Schriftsteller Martin Walser in seinem Roman "Das Einhorn" sie - wenn auch ironisierend und doppelbödig - als "religiöse Stätten. Glashäuser. Abgelegen" bezeichnen.[84]

Zeitlich begrenzte Arbeit an einem Ort, wo kirchliche Mitarbeiter für diese Aufgabe freigestellt sind, Auswahl der Teilnehmer über Zielgruppen oder über Themen - das sind zunächst die äußeren Merkmale der Institution Akademie. In einem Brief vom November 1946 schrieb Elly Heuß-Knapp[85]: "(Die Evangelische Akademie in Bad Boll) ist ein ganz einzig-

---

82 Man muß allerdings berücksichtigen, daß in der Schweiz 1945 unter anderen politischen Bedingungen ein ähnliches Vorhaben entstand, vgl. Th. Vogt, Herausforderung zum Gespräch. Die Kirche als Partner im gesellschaftlichen Dialog, Zürich 1970. Vogt macht deutlich, daß den Akademien und ähnlichen Einrichtungen eine bestimmte Theologie entspricht. Er verweist auf E. Brunner und A. Rich.

83 Vgl. W. Huber, Kirche und Öffentlichkeit, Stuttgart 1973, 121; G. Rau, Die Kirche und ihre Akademie: Diskussionen. Zeitschrift für Akademiearbeit und Erwachsenenbildung 28 (1990).

84 Frankfurt 1966, 95. Ausführlicher literarisch gespiegelt wird eine Akademietagung bei S. Lenz, Das Vorbild, Hamburg 1973, 365ff.

85 Bürgerin zweier Welten. Ein Leben in Briefen, Tübingen 1961, 313.

artiger Versuch der Kirche, mit allen möglichen Lebenskreisen ins Gespräch zu kommen. Immer etwa 10 Tage der Besinnung im schön im Park gelegenen kleinen Schwefelbad. Vorträge, Diskussion, Bibelarbeit. Ganz ohne schwäbischen Pietismus, eher etwas zu intellektuell bei manchen Rednern; aber immer in letzter Aufrichtigkeit. Ich war bei den meisten Lehrertagungen dabei, wenn auch nur 2 bis 3 Tage ... Dann gabs aber auch eine sehr interessante Schriftstellertagung, Juristen, Ärzte und so fort."

Wie ist die Eigenart dieser besonderen Institution unter inhaltlichen Gesichtspunkten zu fassen? Eberhard Müller aus Bad Boll, der der entscheidende Motor der Akademiebewegung war, definierte[86]: "Die Evangelische Akademie ist eine Stätte des Gesprächs zwischen Kirche und Welt". Das heute noch jedes Tagungsprogramm und jeden Briefkopf von Bad Boll zierende Signet der Brücke veranschaulicht jenes früh formulierte Selbstverständnis. Sehr klar wird in den theoretischen Überlegungen Müllers der Gedanke abgewehrt, es sei das Gespräch nur ein Vorwand, um Menschen zu "missionieren". Vielmehr wolle die Kirche in den Akademien der "Welt" nahekommen, nicht von oben, von der Kanzel herab, sondern auf der Ebene des Dialogs. "Der moderne Mensch, der in den Fragen seines beruflichen Alltags unterzugehen droht und von seinem weltlichen Standort kein Verständnis mehr für die Sprache der Kirche hat, wird in ein Gespräch gezogen, bei dem die Kirche nicht einfach belehrend auftritt, sondern beide Teile sich im Bemühen um gegenseitiges Verstehen ihrer Anliegen zusammenfinden". Wie diese Formulierung Müllers voraussetzt, daß der moderne Mensch der Hilfe bedürftig sei, um in den Fragen seines Alltags Sinn zu entdecken, so ist darin ebenso enthalten, daß die Kirche um der Konkretion ihrer Botschaft willen der Nähe zur "Welt" bedarf. Die Aufnahme des Gesprächs z.B. über berufliche Fragen ist also nicht nur eine Art "Anknüpfung" mit dem letzten Ziel einer persönlichen Evangelisation, sie ist vielmehr begründet in dem Bedürfnis der Kirche, die Probleme der Welt und der Menschen kennenzulernen, um öffentlich an der Gesellschaft und am Berufsalltag der Menschen einen Dienst tun zu können. "Die Evangelische Akademie geht aus von der Überzeugung, daß der christliche Glaube den Menschen nicht aus seinen Bindungen gegen-

---

86 Evangelische Akademien: Kirchliches Jahrbuch 1949, 368. Aus diesem Artikel Müllers sind auch die folgenden Zitate.

über Beruf und Gesellschaft löst, sondern ihn anleitet, sich in ihnen zu bewähren".[87] Daß der Zweck des oben erwähnten Hermannsburger Gesprächs bei "Schmalzbrot und Kartoffelsuppe" kein kirchlicher, sondern ein gesamtgesellschaftlicher war, ist also durchaus typisch.

Für den Ablauf einer Tagung hat Müller ein dreiteiliges Schema entworfen[88]: Sammlung der im jeweiligen Beruf, im jeweiligen Arbeitsfeld begegnenden Probleme; Identifikation und Besprechung der sich hierbei zeigenden Glaubensfragen; und schließlich Besinnung über die praktische Bewährung im Alltag als Christ. Aus der Analyse der Lebenssituation ergeben sich Beziehungen zur biblischen Botschaft. Die Gliederung des Tagungsablaufes ist an der problem- oder berufsspezifischen Zuspitzung der christlichen Wahrheit orientiert. Man darf dies aber nicht so verstehen, als laufe die Tagung stromlinienförmig oder auch nur lernzielorientiert auf ein schon vorhergewußtes Ziel zu. Das widerspräche dem Charakter des gewollten Dialogs. Wer die Tagungsprogramme der frühen Boller Jahre[89] durchsieht, dem fällt gegenüber heute eine fast unbekümmerte Nebeneinanderstellung von Referatsthemen auf. Reiz und Sinn der Veranstaltungen konnte durchaus im Informellen liegen. Eine partielle Teilnahme (s. o.) war durchaus möglich.

Trotz der gelegentlich sehr programmatischen Sätze Müllers muß man sich vor der Vorstellung hüten, hinter der Akademiebewegung ein einziges, klar umrissenes theologisches, pädagogisches oder politisches Konzept zu sehen. Dazu waren die Persönlichkeiten, die diese Bewegung trugen, und die regionalen Gegebenheiten der bald 15 Tagungsstätten, die in der Bundesrepublik entstanden, zu unterschiedlich.[90] Am Anfang war vielmehr

---

87 Hier zeigt sich deutlich das kulturprotestantische Erbe der Akademien. Vgl. R. Preul, Aspekte eines kulturprotestantischen Bildungsbegriffs, in: Bildung, Glaube, Aufklärung. Zur Wiedergewinnung des Bildungsbegriffs in Pädagogik und Theologie, Gütersloh 1989.

88 Müller a.a.O. 175; vgl. auch F. Martiny, Die Evangelischen Akademien. Kirche zwischen Anpassung und Parteilichkeit, Europäische Hochschulschriften 1977, 141ff.

89 Vgl. das sehr bunte Programm der ersten Boller Tagung: E. Müller, Widerstand und Verständigung, Stuttgart 1987, 80f.

90 Interessant ist in dieser Hinsicht der Vergleich der Tagungseinladungsschreiben des Württembergischen und des Badischen Bischofs zur jeweils ersten Akademietagung. Geht es in dem Brief aus Karlsruhe um den "christlichen Geist", in dem der Berufsalltag des einzelnen begründet sein soll, so wird in dem Brief aus

die Praxis und der Wille, nach dem Zusammenbruch Kirche und Welt in ein neues Verhältnis zu setzen und eine gemeinsame Gesellschaft aufzubauen.

Die trotzdem vorhandenen, gemeinsamen Kennzeichen dieser kirchlichen Institutionen (Tagungshaus[91], fest angestellte Mitarbeiter, zeitlich begrenzte themenbezogene Tagungen, Auswahl der Teilnehmer nach Berufsgruppen und/oder Themen) führen in mehrfacher Hinsicht zu einer Unterscheidung von der parochialen Gestalt kirchlichen Handelns:

1.) organisierendes Prinzip für die Teilnahme ist nicht der gemeinsame Wohnort, sondern gemeinsame thematische oder berufliche Betroffenheit;

2.) die "Laien", die Müller in der Gemeindepredigt zu "bloßen Objekten der Verkündigung" verkommen sieht, sind Subjekte im Dialog der Tagung, die kirchliche Institution tut gleichsam einen Hebammendienst für die Klärung ihrer Probleme;

3.) auf Dauer angelegt ist weniger die Beziehung der Akademie zu einzelnen Personen als vielmehr die Beziehung zu einem gesellschaftlichen Bereich (Öffentlicher Dienst, Gesundheitswesen ...) oder zu einem Thema.

Die Evangelischen Akademien haben sich seit ihren Gründungsjahren mit der gesamtgesellschaftlichen Situation nicht unwesentlich gewandelt.[92] Das Memorandum des Leiterkreises der Evangelischen Akademien "Der Auftrag der Evangelischen Akademien" (1979)[93] führt in seinem Abschnitt über Aufgaben und Chancen der Akademiearbeit nicht weniger als 12

Stuttgart zusätzlich noch die politische und institutionelle Seite des Lebens angesprochen. Eher volksmissionarisch: A. Wischmann, Die Evangelischen Akademien - ein neuer Weg missionarischen Wirkens: MPTh 41, 1952, 294ff.

91 Zur häufig unterschätzten Bedeutung räumlicher Bedingungen für die kirchliche Arbeit: H. Schwebel, Bildungsprozesse und innerkirchliche Sozialisation, in: Jung a.a.O. 119f. Beherzigenswertes zur Gastlichkeit kirchlicher Räume (leider nur in der Gemeinde): J. Krauß-Siemann, Von der Freizeit zur Muße, Neukirchen 1989, 172f.

92 Zur Geschichte der Ev. Akademien vgl. W. Böhme, Artikel Akademien, Evangelische, in: Evangelisches Staatslexikon; F. Martiny, a.a.O. (Anmerkung 88); M. Nüchtern, in: G. Koch/M. Nüchtern/K. Yaron, Lernen in Bildungshäusern und Akademien. Reihe Kirchliche Erwachsenenbildung (hg. E. Prokop), München 1983, 42ff.; H. Boventer (Hg.), Evangelische und Katholische Akademien, Paderborn 1983.

93 Hrsg. vom Leiterkreis der Evangelischen Akademien in Deutschland 1979.

konzeptionelle Elemente auf. Auch die Tagungsformen sind vielfältiger geworden.[94] Die oben festgehaltenen institutionellen Grundmerkmale der Akademiearbeit kennzeichnen aber nach wie vor diese Institutionen - gerade im Unterschied zur Gemeindearbeit. Gesellschaftsdiakonisch, berufsethisch orientierend, als Forum für die geistige Auseinandersetzung wirkt die Kirche in den Akademien, um die christliche Wahrheit in unterschiedlichen Bereichen zu entdecken und heimisch werden zu lassen.

2.1.2 Die Kasualien der Gemeinde und der "Kasus" einer Tagung

Eine gemeinsame Betroffenheit als Ausgangspunkt, eine nicht primär kirchenorientierte Nutzung und ein zeitlich begrenzter Kontakt - diese Merkmale der Akademiearbeit können auch den faktischen Gebrauch der Kasualien in der Gemeinde durch die meisten Kirchenmitglieder beschreiben.

Die Fälle, die Gelegenheiten, bei denen Kirche bei einer Akademietagung "genutzt" wird, unterscheiden sich jedoch nicht unwesentlich von den Gelegenheiten, bei denen Kirche im Falle der Amtshandlungen in Anspruch genommen wird. "... der Lebenszusammenhang (der Amtshandlung ...) ist für die meisten Betroffenen ... primär die Großfamilie und/oder der Freundeskreis".[95] Was der Fall ist, ist vor allem also ein Ereignis, das die Konstellationen in der Familienbiographie verändert, auch wenn zugleich eine neue gesellschaftliche Rolle damit verbunden ist: Familiengründung, Geburt, Adoleszenz, Tod. Bei den Amtshandlungen "wird der 'natürliche' Ablauf des Lebens, wie er in seinen Schlüsselereignissen hervortritt, in Beziehung gesetzt zur Religion und damit als Aufgabe der religiösen Wahrnehmung verstanden".[96] Eine Aufgabe der Amtshandlungen in der Gemeinde ist es, an diesen Lebensstufen zu orientieren und zu vergewissern.

---

94 Vgl. H. G. Jung, Artikel Akademien, in: HPTh 4, Gütersloh 1987, 209ff.

95 Jetter, Der Kasus und das Ritual a.a.O. 221.

96 Rössler, Grundriß 200.

Die Gelegenheiten, die hinter den Tagungsangeboten einer Evangelischen Akademie stehen, sind nicht von gleicher Elementarität. Sie verraten, daß Krisen, in denen Orientierung und Vergewisserung gesucht wird, vielfältiger, differenzierter und damit auch partikularer geworden sind. Überblickt man das Halbjahresprogramm einer Evangelischen Akademie, so läßt sich ein Handlungsfeld erkennen, das aus folgenden fünf Eckpunkten gebildet wird. Die Fälle, die Tagungen zum Thema machen, behandeln Konstellationen

1. aus der aktuellen politischen und sozialen Geschichte der Gesellschaft,

2. aus der "Berufsgeschichte",

3. aus der individuellen Lebensgeschichte, sofern sie spezieller oder aktueller sind als die in den Amtshandlungen bearbeiteten: z.B. behinderte Kinder, Frauenrolle, Männerrolle ...

4. aus der "Bildungs-, Denk- und Weltanschauungsgeschichte",

5. aus der "Kirchengeschichte" im engeren Sinne.[97]

Es ist klar, daß manche Themen mehrere Geschichten - beabsichtigt oder unbeabsichtigt - berühren. Im Vergleich mit den Kasualien in der Gemeinde, deren Zahl traditionell feststeht, sind die "Kasus" der Akademien also alles andere als festliegend. Akademien haben die Freiheit[98], mehr oder weniger sensibel auf Problemkonstellationen zu reagieren. Sie orientieren sich dabei an dem objektiven Bedarf, der von Verantwortlichen entdeckt wird und von den Kapazitäten (finanziell und personell) her bear-

---

[97] Aus den "Evangelische-Akademie-Informationen" der Geschäftsstelle des Leiterkreises lassen sich im 2. Halbjahr 1989 folgende Tagungsbeispiele nennen: zu 1. Sicherheitspolitik (Arnoldshain), Organtransplantation (Loccum), Wirtschaftspolitisches Forum (Hofgeismar); zu 2. Über flexible Arbeitszeit und Freizeit (Baden), Alkohol am Arbeitsplatz (Bad Boll); zu 3. Kindsein (Tutzing), Neues Altern (Pfalz); zu 4. Hölderlin (Hofgeismar), Menschenbild der künstlichen Intelligenz (Bad Boll), Von der Krone der Schöpfung zum Restrisiko (Tutzing), Die Zeit ... Was ist das? (Baden); zu 5. Konziliarer Prozeß (Berlin), Evangelische Zeitansage - Kirchentag (Iserlohn).

[98] In der Möglichkeit des "Querdenkens" sieht der Politologe M. Greiffenhagen die Berechtigung der Evangelischen Akademien in der Gesellschaft: Salz der Erde, EvKom 20 (1987), 502ff. Vgl. auch: F. E. Anhelm, Diskursives und konziliares Lernen. Politische Grenzerfahrungen, Volkskirche und Evangelische Akademien, Frankfurt 1988.

beitet werden kann, und auch an den sich meldenden Bedürfnissen von Kooperationspartnern u.a., denen man entgegenkommen will.

Ist es weithin Herkommen und Tradition, daß z.B. Eheleute sich kirchlich trauen lassen, a l s o   v o n   s i c h   a u s   ins Pfarramt kommen, so liegt das Zustandekommen einer Tagung an "Werbung" im weitesten Sinne. Der Bezug der in den Akademien bearbeiteten Fälle zu Religion und Kirche ist auch nicht einfach durch Herkommen gegeben, sondern eine Gestaltungs- aufgabe. Die allgemeine Möglichkeit des Bezugs liegt darin, daß der Kirche in der Gesellschaft hinsichtlich bestimmter Bereiche Kompetenzen zugeschrieben werden und sie selbst Kompetenzen gewinnen kann. Mit Hilfe der funktionalen Theorie, wie sie K.W. Dahm beschrieben hat, lassen sich zwei Bereiche unterscheiden: a) Funktionen der Darstellung und Ver- mittlung grundlegender Werte und Sinnbezüge, b) Funktionen der helfen- den, emotionalen Begleitung in Krisensituationen.[99] Die Aufgaben der Kirche können in diesen Bereichen wachsen und abnehmen, zum Teil ver- loren und zum Teil neu erworben werden. Die Geschichte der Evangelischen Akademien ist auch eine Geschichte des Abnehmens und des Wachsens von Aufgaben, die Kirche in und an der Gesellschaft wahrnimmt.[100]

Hatte Matthes bei den Kasualien der Gemeinde die Bearbeitung der Span- nung zwischen "Lebenszyklus" und "Lebensgeschichte", zwischen dem objektiven Ablauf des Lebens und der subjektiven, verstehenden Aneig- nung zur Aufgabe erklärt[101], so ließe sich bei den Akademietagungen eine ähnliche Spannung ausmachen, die bearbeitet wird. Was bei den Tagungen der "Fall" ist, ist die Spannung zwischen dem objektiven Ablauf des

---

[99] Beruf - Pfarrer, München 1971, 117, 121 u.ö., ferner: ders., N. Luhmann, D. Stoodt, Religion - System - Sozialisation, Darmstadt-Neuwied 1972, bes. 133ff. C. Meier, Kirchliche Erwachsenenbildung. Ein Beitrag zu ihrer Begründung, Stuttgart 1979, hat mit Hilfe dieser Theorie den Platz Evangelischer Erwachsenenbildung in der Gesellschaft bestimmt.

[100] Man kann sich dies an der Aufgabe der Akademien, zu einer "christlichen Gestal- tung der Gesellschaft" (Müller) beizutragen, klarmachen. 1945, nach einem Zusammenbruch, sind Institutionen zuallererst aufzubauen, zu gestalten und mit welchem Geist auch immer zu durchdringen. In einer Situation aber, wo sich Institutionen schon etabliert haben und auch die Mechanismen ihres Miteinanders zum Teil schon eingespielt sind, bekäme dasselbe Programm einer christlichen Durchdringung der Gesellschaft eine ganze andere Klangfarbe. Heute geht es eher darum, ob die "etablierte" Gesellschaft offen für neue Herausforderungen ist.

Lebens in den oben genannten fünf Bereichen und der Haltung und dem Stand von Betroffenen dazu. Tagungen wollen dabei nicht einfach mit dem Objektiven versöhnen, sondern oft genug die Voraussetzung schaffen, in den Ablauf der Dinge verändernd einzugreifen. Sie wollen Betroffene "mündiger" machen. Aufgaben und Chance der Akademie liegen im Aufspüren von Spannungen zwischen objektiven Abläufen und Werthaltungen oder Erfahrungen von Beteiligten (vgl. 2.1.3.4).

Die Kasualien der Gemeinde und die als Kasus verstandenen Tagungen der Akademien beleuchten sich gegenseitig in ihrer Leistung für die Kirche. Ermöglichen es die Kasualien, die "story"[102] des einzelnen und der Familie religiös wahrzunehmen und christlich zu verstehen, so versuchen die Tagungen, die überindividuelle "story" der Gesellschaft in christlicher Verantwortung zu verstehen. Was die Kasualien für die einzelnen darstellen, versuchen die Akademien exemplarisch an sicher nur wenigen Fällen für die Gesellschaft zu leisten. Wie die Kasualien der Gemeinde werden die Tagungen also strenggenommen nicht durch das Christenleben, sondern durch das Leben der Christen herausgefordert. Die Beschreibung der Amtshandlungen variierend, kann man sagen: Es wird der Ablauf des Lebens und die Lebenswelt in Beziehung gesetzt zur Religion und als Aufgabe der religiösen Wahrnehmung verstanden. Mit dieser Bestimmung möchte ich mich von einer ausschließlich gesellschaftspolitischen Aufgabe der Akademien abgrenzen. Zur Akademiearbeit der Kirchen gehört nicht nur diskursive Problemwahrnehmung und Aufgabenbeschreibung, sondern zugleich - in welcher Form auch immer - etwas, was bei den Kasualien sich im Segen ausspricht: eine Vergewisserung, die nicht im menschlichen Machen gründet.

---

101 Volkskirchliche Amtshandlungen a.a.O. 88ff.

102 Ich verwende diesen Begriff im Anschluß an D. Ritschl, Zur Logik der Theologie, München 1984.

2.1.3 Zur Notwendigkeit kirchlicher Institutionen außerhalb der Ortsgemeinde

Als 1945 die Arbeit der Evangelischen Akademien begann, handelte es sich um eine neue kirchliche Aktivität. Die Arbeit der Akademien erschien in den Kirchen "vielfach zunächst als ein zeitlich begrenzter Auftrag".[103] Weil sich die Akademien dann aber auf Dauer einrichteten, entstand die Notwendigkeit, ihre Arbeit innerkirchlich zu legitimieren, das heißt, sich über den Sinn dieser Arbeit grundsätzlich zu verständigen. Die Besinnung auf ihre Notwendigkeit als kirchliche Institution gehört zur Geschichte der Evangelischen Akademien dazu. Dies verrät nicht zuletzt der Umstand, daß den Akademien sogar eine Denkschrift des Rates der EKD gewidmet worden ist (1963). Offenbar waren und sind übergemeindliche Institutionen eher rechtfertigungsbedürftig und weniger selbstverständlich.

Wir versuchen im folgenden den Begründungen nachzugehen, die für den besonderen, ambulanzartigen Charakter dieser kirchlichen Institutionen gegeben worden sind. Unser Interesse an diesen Begründungen ist nicht einfach historisch. Vielmehr zeigen sich im Spiegel der Akademielegitimationen Begründungen für den Ansatz von "Kirche bei Gelegenheit" überhaupt, also für die Begründung einer Kasualpraxis, die nicht "eingemeinden" will, sondern auf die konkrete Situation abhebt und das Evangelium in dieser lebensgeschichtlichen Situation entdecken und heimisch werden lassen will.

Vier Argumentationsstränge, die sich in der theoretischen Reflexion der Akademiearbeit ergeben haben, lassen sich unterscheiden. In ihrer Darstellung kann zugleich das weitergeführt werden, was die Akademietagungen als besondere Kasualien kennzeichnet.

---

103 Denkschrift des Rates der Evangelischen Kirche in Deutschland, Der Dienst der Evangelischen Akademien im Rahmen der kirchlichen Gesamtaufgabe (1963), zitiert nach: Der Auftrag der Evangelischen Akademien. Ein Memorandum, 109ff.

2.1.3.1 Die Erfassung der Lebenswirklichkeit des Menschen

Die nächstliegende Weise innerkirchlicher Verständigung über den Sinn einer Arbeit besteht darin, auf traditionelle Begriffe für kirchliches Handeln zurückzugreifen, um das neue Tun zu beschreiben. Als solche Begriffe boten sich für die Akademien an: Seelsorge, Verkündigung, Mission, Diakonie. Freilich mußte eine stützende Überlegung hinzutreten, die erläutert, daß die überkommenen institutionellen Verwirklichungen dieser Dimensionen kirchlichen Handelns nicht mehr zureichen. So versucht die Legitimation der Akademiearbeit stets ein Doppeltes: Sie muß die Arbeit der Akademien in der Tradition kirchlichen Handelns verstehbar machen und die Defizienz herkömmlichen kirchlichen Handelns (vor allem in der Gemeinde) zeigen.

Akademien verorten sich innerhalb des Gesamtauftrags der Kirche, das Evangelium zu verkündigen.[104] In der Verkündigungsaufgabe wird aber eine für die Akademien wichtige und in ihrer Reichweite nicht zu unterschätzende Implikation entdeckt: "Die Verkündigung des Evangeliums und die Eröffnung von Möglichkeiten christlicher Lebensgestaltung sind ohne die konkrete Erfassung der Lebenswirklichkeit der angeredeten Menschen nicht möglich ... die Wirklichkeit, in der Menschen heute leben, ist jedoch mit den meisten traditionellen (kirchlichen) Arbeitsformen nicht mehr zureichend zu erfassen. Diese Arbeitsformen wurden auf den überschaubaren Lebensraum des einzelnen und seine vorwiegend persönlichen und örtlichen sozialen Kontakte und Erfahrungsfelder ausgerichtet und boten hier Anrede und Begleitung in direkter Kenntnis seiner Lebensverhältnisse. Heute decken sich der Lebensraum und die Erfahrungsfelder der einzelnen immer weniger mit der Reichweite und Anknüpfungsmöglichkeit parochialer und naturständisch orientierter kirchlicher Arbeitsform ..."[105]

Die Erfassung der Lebenswirklichkeit der Menschen, um das Evangelium zu verkündigen, erscheint als ein Grundimpuls der Akademiebewegung. Da die Ortsgemeinde nur Teilbereiche der Lebenswirklichkeit der Menschen wahrnehmen kann, ist sie durch andere Formen kirchlichen Handelns ergänzungsbedürftig. "Wenn also die Kirche das ganze Heil für

---

[104] Memorandum 35ff. (Anm. 93).

[105] Memorandum 39.

den ganzen Menschen vermitteln und auch erfahrbar machen will, wie das ihrem Auftrag entspricht, muß sie auch in einer derart differenzierten und oft bedrohlich aufgespaltenen Welt die Lebenswirklichkeiten neu zu erfassen suchen, um Menschen anreden und die Bedeutung der Botschaft nicht nur für einen Sektor dieser Wirklichkeit verständlich machen zu können".[106]

Nicht erst das Akademiememorandum von 1979 versucht in dieser Weise die Akademien zu legitimieren, indem es die bloß sektorielle Kompetenz der Ortsgemeinde herausstellt. Ausführlich wurde diese Argumentationsfigur in dem Sammelband "Seelsorge in der modernen Gesellschaft" (1961)[107] vorgestellt. Die Denkschrift von 1963 über die Akademiearbeit gibt dieser Legitimation der Akademiearbeit gleichsam kirchenamtlich eine Weihe: "Die Akademien ... arbeiten in der Erkenntnis, daß es heute viele Fragen gibt, für die besondere überparochiale kirchliche Bemühungen notwendig sind. Insbesondere gibt es viele gemeinschaftliche Verantwortungen von Personen und von gesellschaftlichen Gruppen, die nicht gemeinsam in den Ortsgemeinden leben. Der für sie notwendige geistliche Dienst kann darum auch in der Regel nicht von den kirchlichen Ortsgemeinden wahrgenommen werden".[108] Das heißt, unter den historischen und sozialen Bedingungen der Gegenwart kann die Ortsgemeinde nicht mehr die ganze Fülle der Fälle in der Lebenswirklichkeit der Menschen wahrnehmen und die christliche Wahrheit auf sie beziehen. Die Kirche würde sonach sich selbst und ihren Auftrag amputieren, wenn sie nicht eine der modernen Lebenswirklichkeit entsprechende Struktur ihrer Arbeit aufbaute. Eberhard Müller drückte es drastisch aus: Beharrt die Kirche auf dem Ausschließlichkeitsanspruch der Parochie, so wird sie "häretisch".[109]

Kritisch gegen diese Konzeption einer (teilweisen) Entsprechung von kirchlichen Strukturen und moderner Lebenswirklichkeit könnte man einwenden, daß die Kirche hier bloß den Zwängen gesellschaftlicher Differenzierung hinterherlaufe und in sich die ja keineswegs nur positive Entwicklung der Auffächerung der Gesellschaft wiederhole. Mit diesem

---

106 Memorandum 38f.
107 Hg. E. Müller/H. Stroh, Hamburg 1961.
108 A.a.O. (Anm. 103) 110.
109 Bekehrung der Strukturen, Zürich-Hamburg 1973, 72.

Argument kritisiert jedenfalls Michael Welker in seiner Streitschrift "Kirche ohne Kurs?" die EKD-Studie "Christsein gestalten"[110], die sich auch für eine differenzierte Gestalt kirchlichen Handelns stark macht. Zweifellos bedingt die genaue Erfassung eines Stückes der Lebenswirklichkeit die Abblendung eines anderen. Die Einheit der Lebenswirklichkeit wird zum Problem. Sie erreicht man aber nicht durch größere Allgemeinheit, sondern nur umgekehrt, wenn im Konkreten das Allgemeine, besser gesagt: das grundsätzlich Wichtige aufscheint. So plädiert auch Welker keineswegs für die herkömmliche parochiale Struktur: "Wer die Kirche als Leib Christi wirklich verstehen will, muß eine Einigkeit geordneter Vielheit erfassen und denken; wer die Kirche als Gemeindekirche begreifen will, muß eine Einheit mit vielen Zentren, eine polyzentrische, polykontextuelle Einheit erfassen und denken."[111]

2.1.3.2 Akademien als Orte alltagsbezogener Verkündigung

Die Forderung nach der Erfassung der Lebenswirklichkeit bezog sich im vorigen Abschnitt auf die bloß ausschnittweise Wahrnehmung der Lebenswirklichkeit durch die Parochie. Dieselbe Forderung kann sich aber auch auf die Organisation des kirchlichen Redens und Handelns in der Parochie beziehen. Nach Eberhard Müller sollte durch die Akademien der "immer größer werdenden Entfremdung der kirchlichen Sprache von der des täglichen Lebens"[112] produktiv begegnet werden. Müller sieht in der Sonntagspredigt folgendes Problem: "Durch die Zersplitterung und Differenzierung der modernen Lebensgebiete ist jeder Prediger versucht, immer allgemeiner und damit unkonkreter zu predigen".[113] Die Organisationsform Tagung will genau diesem Mißstand begegnen: Sie "ruft Menschen, die unter dem gleichen Alltagsschicksal stehen, zusammen. Die so hergestellte

---

110 Christsein gestalten, Gütersloh 1986.

111 Welker 82.

112 Evangelische Akademien. Kirchliches Jahrbuch 1949, 374. Vgl. zum folgenden auch: M. Nüchtern, Mit Bezug predigen - oder: Was die Homiletik von den Akademien lernen könnte, ThPr 23, 1988, 187ff.

113 Die Bedeutung der Diskussion für die Umkehr des Menschen: E. Müller/H. Stroh (Hg), Seelsorge in der modernen Gesellschaft, Hamburg 1961, 175.

Situation ermöglicht seelsorgerliche Verkündigung".[114] Verkündigung müsse nämlich, so wird erläutert, in einen "Lebenszusammenhang" eingebettet sein. Früher sei der Gottesdienst in natürlicher Weise Teil eines Lebenszusammenhanges gewesen, heute aber verstärke sich der Eindruck, "daß vielen der Gottesdienst nicht mehr in natürlicher Weise eingebettet erscheint in den gemeinsamen alltäglichen Lebensvollzug". Was nicht mehr ist, soll in der Tagung werden: "Die Akademietagung unternimmt den Versuch, einen solchen Zusammenhang herzustellen"; bei ihr handelt es sich "um die ausschnittweise, aber reale Vergegenwärtigung der Alltagssituation". Ähnlich wie bei den Kasualien entstehe so eine echte Verkündigungssituation, also ein Fall, der zur Verkündigung herausfordert.[115] Wenn man so will, begründen die Akademien ihre Arbeit als nichtparochiale Kasualien.

In der Form der Tagung *schafft* sich die kirchliche Verkündigung ihren Bezug zur Lebenswirklichkeit. Nahezu zwangsläufig gewinnt die christliche Wahrheit "Belang", bezieht sie sich doch auf das verhandelte und in der Tagung erlebte Stück Lebenswirklichkeit. Der Bezug zur Hörersituation ist nicht ein zusätzlicher Schritt der Applikation, sondern ist durch die andere Organisationsform fast schon von selbst gegeben. Um den Abstand zwischen der christlichen Botschaft und dem modernen Menschen zu verringern, wird keine neue homiletische Methode entwickelt, vielmehr wird die Organisationsform der Verkündigung, ihr Kontext verändert.

Es lohnt sich, dieses in der Akademiebewegung implizit enthaltene Programm einer Kasualisierung der Verkündigung mit der Predigttheorie Ernst Langes zu vergleichen, die Not der Sonntagspredigt durch eine Parallelisierung mit den Kasualien anzugehen.[116] Das - ältere - Programm von Müller und Simpfendörfer scheint weiter zu greifen als die Urspungsidee der Predigtstudien, sofern es die Schwierigkeit im Blick hat, ob denn überhaupt dem Sonntagsgottesdienst in der Regel ein "Fall", eine

---

114 W. Simpfendörfer, Hören und Verkündigen, in: Seelsorge in der modernen Gesellschaft a.a.O., 186.

115 Simpfendörfer 196.

116 Zur Theorie und Praxis der Predigtarbeit: Predigtstudien Beiheft 1, Stuttgart 1968.

bestimmte Situation zugrunde liegt, auf die sich die Verkündigung wie bei den Kasualien beziehen läßt. Für die Theoretiker der Akademiebewegung ist klar: Da der Sonntagsgottesdienst in der Regel situationslos geworden ist, muß eine den Kasualien vergleichbare Situation erst *hergestellt* werden. Daß und wie der Glaube Teil des Lebens ist, ist in der modernen Situation nicht selbstverständlich, es muß vielmehr erarbeitet werden. Dem dient die Tagung, die einen "weltlichen" Fall zum Thema hat und ihn bearbeitet. Es gehört für mich zu den überraschendsten und prägendsten Erfahrungen in der Akademiearbeit, wie die Einbindung in ein bestimmtes "weltliches" Thema für den theologischen Beitrag bzw. für den Gottesdienst plötzlich biblische Geschichten relevant machte oder in biblischen Geschichten wichtige Einzelzüge erschloß.

Eine tiefe theologische *Kritik* an der Begründung der Akademiearbeit über die notwendige Konkretheit der christlichen Verkündigung läßt sich in der historischen Kontroverse zwischen Eberhard Müller und Martin Honecker finden.[117] Honecker hatte gegen die Ineinssetzung von Akademiearbeit mit Verkündigung bei politischen Fragen ein "ekklesiologisches" Bedenken vorgebracht. "Was eint aber dann in den Paragemeinden (den Akademien) die Christen: ein gesellschaftspolitisches Ideal oder der Glaube an den einen Herrn ..." Die Auseinandersetzung zwischen Honecker und Müller ist insofern wichtig, als sie mit aller Schärfe und auch Einseitigkeit die Frage stellt, ob die Forderung nach situativer Zuspitzung der Verkündigung in der Akademiearbeit eine Verwechselbarkeit von Evangelium und z.B. bestimmten sozialen Forderungen mit sich bringe, ob die Fallbezogenheit das Evangelium verhülle. Oder anders gesagt: Ob die Kirche, indem sie sich für individuelle oder soziale Zwecke in Dienst nehmen läßt, sich von sich selbst entfremdet. Daß Honecker in diesem Zusammenhang auch auf die Taufpraxis zu sprechen kommt, ist nicht zufällig. Es zeigt, daß die theologischen Grundfragen der Akademiearbeit und der volkskirchlichen Amtshandlungspraxis identisch sind und nur miteinander gelöst werden können.

---

117 M. Honecker, Seelsorge an der Gesellschaft?: EvTh 21 (1961) 544ff.; E. Müller, Seelsorge in und an der Gesellschaft: EvTh 23 (1963) 315ff.; M. Honecker, nochmals: Seelsorge an der Gesellschaft? ebd. 373ff.

Der dogmatischen Kritik Honeckers ist nur durch Grundlinien für eine kasuelle Theologie zu begegnen (vgl. u. 3.2.2), die nach dem christologischen Modell Kasus und christliche Wahrheit unvermischt, aber auch ungetrennt zu beschreiben versucht.

Bei der Zuordnung von Akademiearbeit und Verkündigung handelt es sich um die Beschreibung einer Aufgabe, bei der es gilt, die Nähe bestimmter Sachprobleme bzw. Fragen des Alltags zum Evangelium zu entdecken. Dazu müssen die Probleme des Alltags, die das Tagungsthema nennt, in ihrer Vielschichtigkeit dargestellt werden, ehe gefragt werden kann, ob sich in ihnen Beziehungen zur christlichen Tradition entdecken lassen. "Weltliches Problem" und Glaube an Gott verhalten sich aber nicht wie Frage und Antwort zueinander, so daß der Glaube an Gott die Lösung sonst nicht zu lösender Fragen brächte. Lebensfragen sind auch ohne die christliche Antwort "irgendwie" lösbar. Lebens-, Sachprobleme und Glaube an Gott haben je ihr eigenes, selbständiges Recht. Dies eigene Recht der Sachprobleme, ihre Reinhaltung von ideologischer Überhöhung kann nach der reformatorischen Tradition geradezu eine Frucht des Evangeliums sein, das Verantwortung für die vernünftige Erörterung und Lösung vorfindlicher Probleme überträgt. In diesem Sinn kann schon die Tatsache, daß ein Sachverhalt, der sonst gewissermaßen naturgegeben hingenommen wird, auf einer Tagung zur Diskussion gestellt oder als Problem formuliert wird, das Leben "in der Freiheit des Evangeliums"[118] bezeugen. So gesehen wäre die Tagung an sich - überspitzt gesagt - schon "Verkündigung".[119] Ein theologischer Beitrag auf der Tagung macht dies - in welcher Form auch immer - ausdrücklich.[120] Er geht den Korrespondenzen (s. u. 3.1)

---

[118] So formuliert der Vorspruch der Satzung des Leiterkreises der Evangelischen Akademien, daß die Akademien eingerichtet sind, "dem modernen Menschen in den Fragen seines Alltags zu begegnen, diese im Lichte des Evangeliums einer Klärung näherzuführen und so die Einheit des Lebens in der Freiheit des Evangeliums zu bezeugen". Zitiert nach: Der Auftrag der Evangelischen Akademien, S. 55, Anmerkung 13. Letztlich geht es hier um die schwierige Arbeit der Unterscheidung von Gesetz und Evangelium.

[119] Vgl. F. Martiny, a.a.O. (Anmerkung 86) 155ff.; G. Ebbrecht, Evangelische Akademien als Orte eines "vernünftigen Gottesdienstes" und der Erneuerung der Vernunft: ThPr 22, 1987, 243ff.

[120] Zum theologischen Beitrag vgl. Nüchtern, Gottesdienst als Sammelpunkt, in: Weltverantwortung aus dem Hören auf das Evangelium, Wolfgang Böhme zum 65. Geburtstag, Evangelische Akademie Baden, Karlsruhe 1984, 37ff. Auch Themengottesdienste sind Versuche einer Kasualisierung von Verkündigung. Vor allem, wenn sie Information zu einem Teil des Gottesdienstes machen und wenn

zwischen Lebensfragen und säkularen Problemlösungen auf der einen Seite und Inhalten der biblischen Tradition auf der anderen Seite nach. Was der Fall ist, erschließt die Bedeutung biblischer Tradition, wie umgekehrt die christliche Wahrheit den Fall beleuchtet[121] und transzendiert.

2.1.3.3 Akademien als Antwort auf den "Zwang zur Häresie": Kirchlichkeit außerhalb der Ortsgemeinde

Ein dritter Weg, ein kirchliches Kommunikationsnetz außerhalb der Ortsgemeinde zu legitimieren, kann von soziologischen Überlegungen zur Religionsausübung des modernen Menschen im Abendland ausgehen.

Hatte Max Weber versucht, die moderne Gesellschaft aus den Folgen des Protestantismus herzuleiten, so stellt Helmut Schelsky (1957)[122] die Frage, wie das Christentum seinerseits in seinen Lebensformen auf die Entwicklung der modernen Gesellschaft reagiert habe. "Die moderne wissenschaftliche, industrielle Gesellschaft hat zunächst eine Form des Glaubens unterhöhlt, gestört und heute vielfach beseitigt, die wir als traditionelles Gemeindechristentum zu bezeichnen pflegen, d.h. die enge Verflechtung des religiösen Lebens mit dem gesamten sozialen, privaten Dasein des Menschen in traditioneller Sitte und überkommenem Brauchtum." Die Glaubensform der unreflektierten Anerkennung kultureller Selbstverständlichkeiten ist mit der Aufklärung ans Ende gekommen. Es besteht jetzt die Notwendigkeit der bewußten, reflektierten Wahl in der Aneignung religiö-

---

sie dazu auch noch "Laien" konstitutiv in den Gottesdienst integrieren, scheinen sie mir fast eine Tagung im Kleinformat; vgl. hierzu: H. Schröer/G. Ruddat, Themagottesdienste, Gütersloh 1973.

121 Wie durch die Organisationsform Tagung mit ihrem weltlichen Thema der christliche Glaube konkret und verstehbar werde, betont auch Th. Vogt, Herausforderung zum Gespräch, Zürich 1970, 205. Zutreffend bemerkt H. G. Jung, Artikel Akademien, Kirchliche, Theol. Realenzyklopädie, Band II (1978) 143: "Der Streit, ob die Verkündigung der Kirche sich an der Schrift oder an der Situation zu orientieren habe, erweist sich in der Praxis der Tagungsarbeit als falsche Alternative."

122 Ist Dauerreflexion institutionalisierbar? ZEE 1(1957), in: J. Matthes (Hg), Religion und Gesellschaft. Einführung in die Religionssoziologie 1, 164ff.

ser Wahrheiten; diese sind also "heute nur noch in hoher und permanenter Reflexion ... zu realisieren".

Als eine Form, mit der sich die Kirche an die moderne Welt und Gesellschaft "angepaßt", das heißt versucht habe, als Organisation an den sozialen Verhaltensgesetzlichkeiten der modernen Welt teilzunehmen, bezeichnet Schelsky die Evangelischen Akademien. Hier habe in der Betonung von Gespräch und Begegnung anstelle von einseitiger Verkündigung, in der selektiven Einladung anstelle von naturständischer Zuordnung die Kirche versucht - unbewußt (?) -, die neuzeitliche "Glaubensform" der "Dauerreflexion" aufzunehmen, wie Schelsky sie nennt.

Etwas plastischer als Schelsky bezeichnet Peter L. Berger das nicht selbstverständliche Verhältnis des modernen Menschen zu Religion und Glaube als "Zwang zur Häresie", als Notwendigkeit zur Auswahl. "Für den prämodernen Menschen stellt die Häresie eine Möglichkeit dar, für gewöhnlich allerdings eine fern abgelegene; für den modernen Menschen wird Häresie typischerweise zur Notwendigkeit. Oder noch einmal, Modernität schafft eine Situation, in der das Aussuchen und Auswählen zum Imperativ wird".[123]

Steht die Ortsgemeinde mit der durch den Wohnort gegebenen Verwiesenheit an die hier stattfindenden religiösen Angebote für eine "auswahllose" Religionsausübung, so kann man in überregionalen Tagungsstätten, die Einladungen und Programme verschicken, eine gewisse Entsprechung zu der von Berger als "Zwang zur Wahl" bezeichneten modernen Situation sehen. Die Menschen suchen sich die Orte ihrer Religionsausübung. Kirchlichkeit ist nicht mehr (allein) durch traditionelle Sitte und naturständische Zuordnung garantiert, sondern Ergebnis einer "Wahl".

Die Beziehungen zwischen dieser Modernität und den Akademien gehen aber noch weiter. Wenn Berger im Protestantismus den induktiven Weg zur Religion[124], der die menschliche Erfahrung zum Ausgangspunkt wählt,

---

123 Der Zwang zur Häresie. Religion in der pluralistischen Gesellschaft, Frankfurt 1980, 41. Vgl. zu den "Wahl- bzw Auswahlchristen" vorher schon v. a. Paul M. Zulehner, Säkularisation von Gesellschaft, Person und Religion, Wien 1973; ders., Auswahlchristen in: N. Mette (Hg), Volkskirche - Zeichen von Zerfall oder Aufbruch, Zürich ... 1981, 109ff.

124 Zwang 139ff.

schon früh angelegt sieht, so kann man überlegen, *welche Institutionen* solche induktive Theologie erfordert. Diese verträgt sich jedenfalls schlecht mit den Elementen gemeindlicher Arbeit, die auf Deduktion und auf Dauer ausgerichtet sind: Predigt nach der Perikopenreihe, feste Kreise. Man kann in den Akademien den Versuch der Institutionalisierung induktiver Theologie sehen. Tagungen nehmen in ihrer Thematik Probleme oder Lebenssituationen auf, die zum Anlaß auch für religiöse Fragen werden. Die Nutzung der Tagungen entspricht hier wieder der Nutzung der Kasualien in der Gemeinde.

Eine Legitimierung der Evangelischen Akademien ist von Schelsky und Berger natürlich nicht beabsichtigt. Dennoch ließe sich auf diesem Hintergrund eine Begründung der Akademiearbeit versuchen: Akademien wären dann Ausdrucksformen eines "angepaßten", "neuzeitlichen" kirchlichen Handelns. Dabei ist wichtig zu betonen, daß solche Anpassung der Kirche eine neue Wirkmöglichkeit bringt. Paßt sich die Kirche an die neuzeitliche Welt an, verhindert sie, daß Emanzipation von bestimmten Formen von Kirche zur Emanzipation von Kirche überhaupt werden muß. Statt über Traditionsabbruch zu klagen, organisiert die Kirche neue Gemeinschaftsformen des Glaubens.

Realisiert die Kirche in Akademien (und den anderen Einrichtungen) die Möglichkeit, die Emanzipation aus bestimmten Formen von Kirchlichkeit nicht zu Emanzipation von Kirche überhaupt werden zu lassen, so muß gefragt werden, in welcher Weise sich "Kirchlichkeit" in diesem nichtgemeindlichen Horizont zeigt. Was den Tagungsteilnehmer einer Akademieveranstaltung betrifft, so sieht dies äußerlich so aus: Er oder sie nimmt wahr, daß eine kirchliche Institution ein ihn bewegendes Problem aufgreift, zu einer Bearbeitung dieses Problems einlädt und die Teilnahme an dieser Bearbeitung ermöglicht. Der Kontakt läuft zunächst über das Thema. Aber das ist nicht alles. Relevante, vertrauensvolle Bezugspersonen, positive eigene oder fremde Vorerfahrungen müssen in der Regel hinzukommen. Teilnahme ist in der Regel auf der Sach- und auf der Beziehungsebene motiviert.

Kirchlichkeit zeigt sich im Teilnahmeverhalten der Tagungsgäste als selbstverständliche Indienstnahme der Kirche für die individuelle Lebensorientierung bzw. für das soziale Miteinander in der Gesellschaft. Die

Kirche tritt als Teil der Gesellschaft in Erscheinung. *Kirchlichkeit aktualisiert sich nicht als Gesammelt- und Integriertwerden in eine Gemeinde, sondern umgekehrt als Integration kirchlicher Angebote in die eigene Lebensgeschichte oder in gemeinsame gesellschaftliche Aufgaben.*[125]

Ähnlich betont Trutz Rendtorff, daß sich in den Angeboten der Akademien die "Christlichkeit der Gesellschaft" aktualisiere: "Wo man Leute nicht bekehren oder auf ein neues Bild des aktiven Christen fixieren wollte, sondern sich die Christen bei den gemeinsamen Fragen unserer politischen, sozialen, ökonomischen Existenz zusammensetzten, stieß man auf eine überraschend große, nahezu unbegrenzte Bereitwilligkeit von Menschen aller Schichten".[126]

So unproblematisch die "Verwertbarkeit" eines kirchlichen Angebotes für die Teilnehmer ist, so umstritten kann eine Einrichtung mit dieser Zielsetzung innerkirchlich werden.[127] Denn indem die Kirche der Emanzipation des Menschen in der Moderne aus einer kirchenbestimmten Lebensführung in sich selbst Raum gibt, sie in sich selbst institutionalisiert, institutionalisiert sie zugleich eine Spannung: die Spannung zwischen Gemeindechristentum und "gelegentlicher" Kirchlichkeit.

Der Fragenkomplex, an dem die besondere Kirchlichkeit diskutiert wurde, die sich in den Akademien zeigt, betraf daher das Verhältnis von Akademie und Ortsgemeinde. Immer wieder wurde an die Akademien die Erwartung herangetragen, Zubringerdienste zur Ortsgemeinde zu leisten. Ähnliche Wünsche können auch - im progressiven Gewande - als Kritik am unverbindlichen Arbeitsstil[128] der Akademien auftreten. Wo man die

---

125 J. Matthes, Die Emigration der Kirche aus der Gesellschaft, Hamburg 1963, 46, 49. Zum Verhältnis Kirche - Gesellschaft vgl. jetzt: W. Härle (Hg), Kirche und Gesellschaft. Marburger Forum Philippinum, Stuttgart 1989.

126 T. Rendtorff, Christentum außerhalb der Kirche, Hamburg 1969, 19ff. Um es in den Begriffen der Theologie der Aufklärungszeit zu sagen, erkennt und realisiert die Kirche in den Akademien ihre Verantwortung für die "Privatreligion" (J. S. Semler) und nicht nur für die kirchlich-öffentliche Religion; vgl. auch T. Rendtorff, Theorie des Christentums, Gütersloh 1972.

127 Die Spannung Kirche - Gesellschaft kann sich dann innerkirchlich wiederholen; vgl. hierzu: H. Ringeling, Verfaßte Kirche und distanzierte Kirchlichkeit: ThPr 5 (1970) 112.

128 Zu diesem wichtigen Vorwurf an die Akademiearbeit: Ernst Lange, Sprachschule der Freiheit, EvKom 5 (1972) 204ff.; wiederabgedruckt in: H. Siebert (Hg), Begründungen gegenwärtiger Erwachsenenbildung, Theorie und Praxis 100,

Akademien als Lotsenschiffe sehen möchte, die auf dem säkularen Meer die verlorenen Seelen in den gemeindlichen Hafen fahren sollen, denkt man theologisch im Modell der Sammlung, der Integration in eine Gemeinde. Die Akademiedenkschrift von 1963 gab abgewogen, aber eindeutig dem Lotsenbild für den Dienst der Akademien den Abschied: Akademietagungen "haben nicht die Aufgabe, einen begleitenden Lotsendienst zu leisten, bis die erreichten Menschen im Hafen einer sie bergenden und geistlich versorgenden kirchlichen Gemeinde angekommen sind".[129] Akademietagungen sollen primär nicht dem kirchlichen Gemeindeaufbau, sondern den Gruppen der modernen Gesellschaft selbst ohne Rücksicht auf die örtliche und konfessionelle Zugehörigkeit ihrer Glieder dienen. "Es wäre falsch, wollte man das Engagement eines Menschen in einer Gliederung der Kerngemeinde zu dem vorherrschenden Maßstab dafür machen, ob er einen verbindlichen geistlichen Dienst empfangen und angenommen hat. Die Auswirkungen einer erneuten Bindung an Gott, die im beruflichen Alltag der Menschen in Erscheinung treten, sind nicht weniger wichtig als solche, die in ihrer Wohn- und Kirchengemeinde sichtbar werden". Nicht bloß das Engagement in der Ortsgemeinde, sondern der Beruf, das Leben in der Gesellschaft ist also fähig, das Wirksamwerden christlicher Wahrheit zu zeigen. In den das Erbe des Kulturprotestantismus nicht verleugnenden Spitzensätzen der Denkschrift von 1963 ist der Alleinanspruch des Sammlungsmodells[130] kirchlichen Handelns zurückgewiesen. Für die Praxis der Kasualien in der Gemeinde könnten die im Rahmen der Akademiearbeit entwickelten ekklesiologischen Thesen entlastend wirken. "Eingemeindung" muß kein Ziel mehr sein.

Braunschweig 1977, 234ff. Ähnlich: U. Gerber, Konfliktorientierte Akademiearbeit, in: J. Lott, Erwachsenenarbeit der Kirche, 1977, 112ff.

[129] Der Dienst der Evangelischen Akademien im Rahmen der kirchlichen Gesamtaufgabe, a.a.O. 114; 117f.

[130] Ähnliche Thesen gegen das Monopol der "Gemeinde vor Ort" werden auch von anderen funktionalen kirchlichen Diensten erhoben. Sehr deutlich hat sich der Kirchliche Dienst in der Arbeitswelt auf seiner Bundesvertreterversammlung 1989 in einem Papier "zu Auftrag und Struktur der Industrie- und Sozialarbeit" geäußert (maschinenschriftliches Manuskript 13). "Die übliche Orientierung ... an dem einseitig subsidiären Verhältnis zwischen überparochialen Diensten und Ortsgemeinde geht am besonderen Auftrag kirchlicher Industrie- und Sozialarbeit vorbei."

Trutz Rendtorff will die Geschichte der Akademien, gerade insofern sie "missionarische" Erfolge nicht gebracht und Menschen der Ortsgemeinde nicht zugeführt hat, positiv einschätzen: "Die Kirche, die auszog, die entkirchlichte Welt wiederzugewinnen, hat doch statt dessen die christliche Welt wieder zu Gesicht bekommen ... Die Kirche sollte sich über ihre Kleingläubigkeit aufklären lassen, die ihr Bild von der Gesellschaft und vom Christentum allzu nachhaltig bestimmt hat".[131] Die Wahrnehmung der Christlichkeit außerhalb parochialer Angebote gibt es nur im Tausch für die Preisgabe des Monopols der Ortsgemeinde. Keineswegs handelt es sich ja bei der "Kirchlichkeit", die sich im Kontext der Akademien zeigt, um ein ausschließlich passives Verhalten. Vielmehr bieten die Akademien Räume, in denen die spezifische Kompetenz des "Laien" gefragt ist und in Erscheinung treten kann. "Laien" können im Zusammenhang von Tagungen, aktuell und zeitlich befristet, in der Kirche selbst für andere aktiv werden. In diesem Sinn sind Akademien als von Laien angenommene und "gewählte" Form von Kirche zugleich Haftpunkte für Kirchenmitgliedschaft. [132]

2.1.3.4 Erwartungen an die Kirche

Die erste Kirchenmitgliedschaftsuntersuchung "Wie stabil ist die Kirche?" (1974) hatte eine Diskrepanz zwischen den Erwartungen der Kirchenmitglieder an die Kirche und den Erwartungen der Kirche an ihre Mitglieder aufgedeckt. Sind die Teilnahmeerwartungen der Kirche darauf bezogen, daß die Mitglieder am Gottesdienst in den Gemeinden teilnehmen, so gehen die Wünsche der Kirchenmitglieder selbst in eine andere Richtung. "Das Soll der Kirche ist ... Seelsorge, Diakonie und Verkündigung, in dieser Reihenfolge. Es sind Funktionen, die das Kirchenmitglied selbst ganz unmittelbar treffen oder betreffen könnten: sei es sein eigenes Dasein,

---

[131] Rendtorff, Christentum außerhalb 19ff.

[132] Mit Bezug auf die Erkenntnis der Kirchenmitgliedschaftsstudie von 1972 vermerkt das Memorandum des Leiterkreises 1979, daß sich "das Zugehörigkeitsgefühl zur Kirche immer stärker über die gesamtkirchliche Ebene vermittelt, vor allem bei steigendem Bildungsgrad". Vgl. dazu: C. Meier, Akademiearbeit und Erwachsenenbildung im Rahmen der kirchlichen Gesamtaufgabe: ThPr 16 (1981) 96ff. = Diskussionen 20 (1981) 1ff.

sei es seine Gruppe. Es sind zugleich Lücken im Netz der kollektiven Daseinssicherung und -gestaltung, Sinn und Wertorientierung in der Krise, also Stabilisierung".[133]

Klaus Fütterer (1974), Studienleiter in Bad Boll, hat auf diesem Hintergrund sowohl ein Defizit der Parochie betont wie auch eine eigenständige Begründung für ein Arbeitsfeld der Akademien gegeben. In seinem Aufsatz "Krisenbegleitung - Seelsorge an den Menschen im Handwerk"[134] stellt er fest, daß die in der Ortsgemeinde mögliche Krisenbegleitung familienbezogen sei (Konfirmation, Bestattung), während der berufliche Bereich ausgeblendet bleibe. "Ohne Zweifel gibt es aber auch nicht nur typische familienbezogene Lebenskrisen, sondern ebenso typische berufsbezogene Lebenskrisen. Es handelt sich dabei vor allem um drei entscheidende Veränderungen im Leben des Menschen: um den Eintritt in die berufliche Ausbildung, um die Findung der beruflichen Identität und um die Ablösung vom Beruf". In diesen "Fällen" sieht Fütterer ein Arbeitsfeld der Akademien, das er für die Handwerkerarbeit näher beschreibt, das aber nach seiner Meinung "exemplarisch und auf andere Felder übertragbar ist".

Fütterers Anregung scheint mir auch darin "exemplarisch", daß sie die Aufgaben der Akademien in Beziehung setzt zu den begründeten Erwartungen, die Menschen in einer geschichtlichen Situation an Kirche haben. Werden die Erwartungen an Kirche in unserer Gesellschaft mit Hilfe der Begrifflichkeit der sog. funktionalen Theorie kirchlichen Handelns beschrieben,[135] so geht es bei Fütterer um die Defizienz der Parochie im zweiten Bereich, bei den Funktionen der helfenden emotionalen Begleitung.

Ebenso kann man das Aufgabenfeld der Akademien im ersten Bereich, der Verständigung über grundlegende Werte in der Gesellschaft, herausstellen. Heinz Eduard Tödt[136] und Hans May[137] haben zu unterschiedlichen Zeiten und mit unterschiedlicher Akzentuierung hier Aufgaben der Akademien

---

133 A.a.O. 212.

134 Aktuelle Gespräche 3/4 (1974) 3ff.

135 Vgl. o. die Arbeiten von Dahm und Meier (Anmerkung 99).

136 Neue Aufgaben der Evangelischen Akademien: Diskussionen 6 (1971) 1ff.

137 Für ein neues Orientierungssystem: LM 22 (1983) 362ff.

identifiziert. Bei beiden sind die Akademien als Foren beschrieben, die der notwendigen ethischen Orientierung in einer sich wandelnden Gesellschaft dienen.

Tödt unterscheidet von der wissenschaftlichen Forschung im engeren Sinne "die kritische Rezeption von Forschungsergebnissen aller Wissenschaften oder aller relevanten Wissenschaften in zielorientierter Absicht ... auf öffentliche Aufklärung und Handlungsorientierung hin". Damit der Prozeß der Veränderung in einer Gesellschaft nicht bewußtlos vonstatten geht, sind nach Tödt Institutionen nötig, die wissenschaftliche Ergebnisse, gewissermaßen nach unten hin, diskutierbar machen und der ethischen Frage, was geschehen soll, Raum geben: "Ich bin der Meinung, daß diese Form der kritischen Rezeption von wissenschaftlichen Ergebnissen mit der Zielsetzung öffentlicher Aufklärung und Handlungsorientierung der eigentliche Typus von geistiger Arbeit ist, der in den Akademien geleistet werden muß". "Es müßte in einer Akademie die Erkenntnis realisiert werden, daß Theologie keinesfalls Wissenschaften steuern kann, daß Theologie aber die Frage nach der Verantwortung jeder Wissenschaft zu aktualisieren und diese Frage nach der Verantwortung jeder Wissenschaft in konkreten Situationen an die Wissenschaft heranzutragen hat".

Hans May versteht die Akademien als Foren, die "den Prozeß der Transformation des Orientierungssystems unserer Gesellschaft" offenhalten und diskutierbar machen. "Wie müssen (diese Foren) aussehen? Sie müssen mit einem Vertrauensvorschuß von allen potentiell Beteiligten ausgestattet sein. Sie dürfen im Streit der Parteien nicht selber Streitpartei sein, es sei denn, sie streiten dafür, daß Probleme auf die Tagesordnung kommen, die zukunftsrelevant und gleichwohl in der Gefahr sind, übersehen oder verdrängt zu werden. Sie haben einen angstfreien Dialog zu gewährleisten und die personale Integrität aller Beteiligten zu garantieren. Sie haben kein primäres politisches Mandat, und je sorgfältiger sie dies beachten, um so politischer in einem weiteren Sinne werden die Folgen dessen sein, was sie tun".

Bei Tödt wie May werden die Aufgaben der Akademien mit gesellschaftlichen Defiziten begründet. Dieser Anspruch, gleichsam als Foren der Selbstreflexion der Gesellschaft zur Verfügung zu stehen, ist sehr hoch. Es soll jetzt nicht diskutiert werden, ob die Akademien ihn erfüllen können, zumal sie - anders als nach dem Krieg - dabei in einem Konkurrenzverhältnis mit anderen Institutionen stehen. Wir wollen herausstellen, daß Akademien etwas zur Kultur der Gesellschaft beitragen wollen. Die Kirche erscheint in den Akademien wiederum sehr deutlich als *Teil der Gesellschaft*.

In diesem Sinn versteht Joachim Matthes die Akademien - entgegen Aspekten ihres Selbstverständnisses - als moderne, die neuzeitliche Welt bejahende Einrichtungen. Er sieht Erfolg und Wirkung der Akademien darin begründet, daß es "initiativreichen Theologen und Laien gelang, sich der institutionellen Möglichkeiten und Chancen des gesellschaftlichen Lebens zu bedienen". Die Begründung der Akademiearbeit sieht er nicht in einem missionarischen Anspruch, sondern "in tieferen Schichten des Zusammenhangs von Kirche und Gesellschaft", der der Kirche spezifische Möglichkeiten gibt.[138]

Akzeptiert sich die Kirche als Teil der Gesellschaft, bedarf sie entsprechender Strukturen und Institutionen. Sie kann nicht auf dem Ausschließlichkeitsanspruch der Parochie bestehen.

2.1.3.5 Zusammenfassung

Was die Notwendigkeit einer kirchlichen Institution wie der Evangelischen Akademie begründet, bestreitet zugleich den Monopolanspruch der Parochie. Also kann auch nicht aus dem Verhältnis zu letzterer über das Verhältnis zur christlichen Wahrheit geschlossen werden. Die nichtparochialen Institutionen sind Beteiligungsräume für Christen außerhalb der Ortsgemeinde.

Überblickt man die in diesem Kapitel zusammengetragenen Begründungen für "Kirche bei Gelegenheit", so fällt auf, daß sie - bei aller Unterschiedlichkeit - sich doch darin treffen, die Gegenwartsbezogenheit und Konkretheit des kirchlichen Redens und Handelns als Chance zu werten, ja als Forderung zu erheben. Aus dem Plädoyer für die Erfassung weiterer

---

138 Die Emigration der Kirche aus der Gesellschaft, Hamburg 1964, 46ff.

Bereiche der Lebenswirklichkeit der Menschen (1) wird die Entdeckung, daß durch die neue Nähe zu Alltagsfragen die christliche Verkündigung Bezug und Belang gewinnt (2). Jener geforderte Lebensbezug der christlichen Verkündigung bedingt dann auch ein Ja dazu, sich an die Verhaltensgesetzlichkeiten derjenigen "anzupassen" (3), die mit Hilfe der christlichen Wahrheit Orientierung und Vergewisserung finden wollen, und sich den gesellschaftlichen Erwartungen an die Kirche (4) nicht zu verweigern.

Die vier vorgestellten Legitimationsversuche der Arbeit der Evangelischen Akademien kann man letztlich auf zwei Thesen zurückführen, die ineinander verschränkt sind: a) Um die Relevanz ihrer Botschaft sichtbar zu machen, muß sich die Kirche auf die Spannungen des Alltags der Menschen beziehen und sich in die unterschiedlichen Felder der Lebenswelt der Menschen einbringen (vgl. 2.1.3.1 und 2). b) Sie kann dies tun, indem sie sich entsprechende Strukturen und Instrumente schafft, die die Gelegenheiten zum Dienst an der Gesellschaft entdecken und sich von der Gesellschaft und den Menschen in Dienst nehmen lassen (vgl. 2.1.3. und 4). Die Verschränkung der beiden Thesen ließe sich auch in umgekehrter Richtung beschreiben, je nachdem, wo man den Ursprungsimpuls der Akademiearbeit sieht. a) Die Kirche bejaht, einen Dienst an der Gesellschaft zu tun und sich "nutzen" zu lassen, und braucht dafür entsprechende Strukturen und Instrumente. b) Gerade die Erfüllung des Dienstes ermöglicht es ihr, die Relevanz ihrer Botschaft sichtbar zu machen. *Die Gelegenheiten der Welt sind das Spielfeld der christlichen Wahrheit.*

Was R. Albertz über die Amtshandlungen ausführte (s. o. 1.1.2.2), läßt sich fast wörtlich auch bezüglich der Evangelischen Akademien sagen: Die Notwendigkeit der Evangelischen Akademien wird sich nur dann begründen lassen, wenn die Kirche anerkennt, daß sie als Gemeinde auf dem Weg zwischen Auferstehung und Wiederkunft Christi immer auch eine Schar von Menschen in sozialen Bezügen bleibt und als Organisation in eine Gesellschaft eingebettet ist, und zwar nicht primär als eine Verhaftung in der Welt, die sie von ihrer eigentlichen Aufgabe abhält, sondern als etwas Positives, was von Gott so gewollt ist. Die Geschichte der Evangelischen Akademien steht dafür, den Bezug zu einer Lebens- oder Problemsituation nicht mit Sorge um den Verlust der christlichen Identität wahrzunehmen, sondern im Gegenteil als Chance zu schätzen, die christliche Wahrheit aus ganz unterschiedlichen Lebensfeldern aufleuchten zu lassen und unter Beweis zu stellen (vgl. u. 3.1).

Die spezifische "Gelegentlichkeit", die nur aktuelle, zeitlich begrenzte Nutzung von Einrichtungen wie den Evangelischen Akademien ergibt sich damit sowohl aus dem Dienstcharakter des kirchlichen Angebots für nicht ohne weiteres kirchliche Zwecke wie aus der konkreten Relevanz, die die christliche Botschaft haben soll. Sahen wir, daß die Spannungserfahrungen bei den Amtshandlungen aus der Behauptung folgen, die Nutzung für nicht eigentlich kirchliche Zwecke verhindere, daß die christliche Botschaft relevant werde, so finden wir, daß in den Akademien eine geradezu entgegengesetzte These folgenreich Gestalt gewann: Die Nutzung für nichtkirchliche Zwecke schafft die Möglichkeit, die christliche Botschaft außerhalb der Gemeinde relevant werden zu lassen.

2.2 Zum Beispiel: Evangelische Erwachsenenbildung

Die Bedeutung von "Erwachsenenbildung" für alle Bereiche kirchlichen Handelns wird man schwerlich überschätzen können. Sie zeigt sich zunächst in den Kommentierungen, die zu den großen Mitgliedschaftsuntersuchungen der EKD verfaßt worden sind.[139] Vor allem in zwei Zusammenhängen hat das Thema "Erwachsenenbildung" dabei seinen Ort:

1. wo die Vermittlung zwischen Kirche und Glaube einerseits und neuzeitlicher Welt und Gegenwartsproblemen andererseits zur Aufgabe wird und

2. wo Christen und christliche Gruppen selbst Wege zu einer ihnen gemäßen Form des Lebens in der Gegenwart suchen und erproben wollen.

"Vermittlung" und "Emanzipation" sind also sozusagen die beiden Brennpunkte der Ellipse "Erwachsenenbildung".

Henning Luther[140] konnte zeigen, wie bei wichtigen praktisch-theologischen Entwürfen die Hinsicht auf das Lernen Erwachsener in mannigfacher Akzentuierung und Funktion leitend ist. Er formuliert, "Erwachsenenbildung" sei für die praktische Theologie nicht ein Handlungsbereich, sondern "eine zentrale Perspektive, unter der Praktische Theologie kirchlich-gemeindliche Praxis kritisch zu erfassen sucht". Denn sie bringt gleichsam auf den Begriff, daß Laien, Gemeindeglieder als erwachsene Subjekte und nicht als Objekte von Missions- oder Diakoniestrategien anzusehen sind.

Sieht man "Erwachsenenbildung" aber nur als Perspektive kirchlichen Handelns, so kann verdeckt werden, daß sie auch eine besondere Einrichtung der Kirche ist, die durch Veranstaltungen und Programme, durch hauptamtlich und ehrenamtlich Tätige, in Form von Arbeitsgemeinschaften in Erscheinung tritt. Diese Ev. Erwachsenenbildung (künftig EB) sucht und

---

139 Wie stabil ist die Kirche?, 242ff; E. Lange, Bildung als Problem und als Funktion der Kirche, in: J. Matthes (Hg), Erneuerung der Kirche. Stabilität als Chance, Gelnhausen 1974, 189ff.; G. Brockmann/Hans-P. Schmidt/D. Stoodt/G. Veidt, Kirche im Übergang von der traditionalen zur Lerngesellschaft, ebd. 223ff.

140 Luther, Religion - Subjekt - Erziehung, bes. 16 ff., 274ff.

hat ihr Profil - z.B. in konflikthafter Abgrenzung von der Gemeinde -, sie bildet eine eigene Professionalität heraus. Sie ist eine Praxis, die theologische Leistungen erbringt, die für die Kirche insgesamt nutzbringend sind. Gemäß unserem Vorhaben, herauszufinden, ob nicht-parochiale kirchliche Dienste für parochiale Arbeit etwas beizutragen haben, soll im folgenden geprüft werden: Wie zeigt sich in der EB ein vielleicht zwar kontroverser, aber neuer und produktiver Umgang der Kirche mit den Spannungen zwischen Lebenssituation und christlicher Wahrheit, zwischen kasueller Kirchlichkeit und stetiger Gemeinde, wie sie bei der Konfirmations- und Kindertaufpraxis beschrieben wurden? Wollen wir prüfen, ob EB für diese Spannungserfahrungen Lösungsansätze bietet, so müssen wir nach dem in der EB aufscheinenden Kirchenverständnis (oder den Kirchenverständnissen) und nach den hier möglichen Vermittlungen von Glaube und Lebenswirklichkeit fragen.

Dabei müssen wir aber sofort im Auge haben, daß - ungeachtet der wichtigen Rolle von EB - "Bildung" im Begriff EB kein genuin kirchliches Thema ist. Der Begriff EB allein schon gibt eine Vermittlung von Kirche und Lebenswelt zu denken. In der EB findet Ausdruck, daß Kirche etwas zur Bildung des Menschen beizutragen hat und etwas tut, was andere auch tun, nämlich: Erwachsene zu bilden.[141] Wie dies kirchlich oder in kirchlicher Trägerschaft geschehen kann, ist durchaus kontrovers. Die Analyse der Konflikte um die kirchliche Erwachsenenbildung darf aber nicht blind dafür machen, daß die Kontroversen auf einer gemeinsamen Basis aufruhen. Diese ist sachlich und historisch die Wahrnehmung des Themas "Bildung" in der Kirche seit Ende der 60er Jahre (2.2.1).[142] Die Kirche eignet sich das Thema "Bildung" an, doch die angeeignete "Bildung" wirkt ihrerseits auf die Kirche und das Kirchenverständnis zurück (2.2.2). Dieses *wechselseitige* Verhältnis gilt es zu beachten.

---

141 K. Wegenast, Evangelische Erwachsenenbildung, in: Adam/Lachmann, Gemeindepädagogisches Kompendium, Göttingen 1987, 383. Zur Erwachsenenbildung allgemein: E. Prokop/K. Geißler, Erwachsenenbildung, München 1974; H. Siebert (Hg), Begründungen gegenwärtiger Erwachsenenbildung (Anmerkung 128); V. Otto/W. Schulenberg/K. Senzky (Hg), Realismus und Reflexion. Beiträge zur Erwachsenenbildung, München 1982; G. Strunk, Bildung zwischen Qualifizierung und Aufklärung, Bad Heilbrunn 1988; Ev. Bildungsverständnis in einer sich wandelnden Arbeitsgesellschaft (EKD-Kammer f.B.u.Erziehung 1991).

142 Zur Vorgeschichte: K. Ahlheim, Zwischen Arbeiterbildung und Mission, Stuttgart 1982.

Andernfalls kann es im Extrem zu zwei in gleicher Weise problematischen Fehlentwicklungen kommen: Wenn die Kirche sich das Thema Bildung aneignet, könnte Kirche definieren, was Bildung heißen soll, oder auch umgekehrt Bildung bestimmen, was Gemeinde sei. Im ersten Fall würde Bildung identisch mit Glaube, im zweiten Fall die Lerngruppe als solche identisch mit Gemeinde.

2.2.1 Bildung im Horizont von Kirche

Praktische Theologie stieß auf das Thema "Bildung" - wir konzentrieren uns auf die neue Diskussion -, indem sie nach der Kirche in der modernen Gesellschaft fragte. Im Zuge der ersten Kirchenmitgliedschaftsuntersuchung[143] wurde erkannt, daß Kirchenbindung mit zunehmendem Bildungsstand nachläßt: "Für das Verhältnis der Evangelischen zur Kirche ist der Faktor Bildung offenkundig von großer Bedeutung: Je höher der formale Bildungsstand, desto wahrscheinlicher wird, statistisch gesehen, ein kritisch-distanziertes bis abständiges Verhältnis zur Kirche." Ist Bildung kritische Auseinandersetzung mit und Heraustritt aus Tradition, aber Kirchenbindung Teil der Tradition, "dann verliert sie (die Kirchenbindung) mit aller Tradition zumindest ihre Selbstverständlichkeit und ihre zwingende Kraft". Bildung bewegt also einen Prozeß, in dem Kirchenzugehörigkeit zu einer Frage der Entscheidung wird. In jedem Fall beeinflußt sie die Art und Weise der Kirchenzugehörigkeit. Befördert Bildung, daß Kirchenzugehörigkeit zur Disposition steht, bezeichnet sie zunächst ein Problem für die Kirche.

Aber sie bietet sich zugleich als Mittel für die Kirche an, mit der Entfremdung von Kirche produktiv umzugehen. Die erste Kirchenmitgliedschaftsuntersuchung betonte deswegen, daß Bildung nicht notwendig zur Entfremdung von Kirche führe, sondern zugleich die Chance zu kritisch verarbeiteter Kirchlichkeit darstelle: Kirche hat "alles Interesse daran ..., daß zugeschriebene Mitgliedschaft sich, soweit irgend möglich, in erworbene, d.h. verstandene, bejahte, persönlich übernommene und in der Lebenspraxis ausgedrückte Mitgliedschaft umsetzt. Sie ist dabei aber ... auf

---

143   Wie stabil ist die Kirche?, 245ff.

just dasselbe Instrument angewiesen, durch das sie anscheinend in Bedrängnis gerät: auf Bildung". Die Kirchenmitgliedschaftsstudie nennt diese doppelte Rolle von Bildung das "Bildungsdilemma" der Kirche.[144]

Man kann idealtypisch drei Möglichkeiten unterscheiden, mit denen dieser Bildungsherausforderung, also dem Verlust der Selbstverständlichkeit traditioneller Kirchlichkeit, begegnet worden ist und wird. Alle drei Varianten haben zu einer bestimmten Form von EB geführt:

1. Eine erste Möglichkeit besteht darin, den Vorgang des Verlustes von Traditionsleitung, also das Emanzipatorische im Bildungsbegriff, positiv aufzunehmen und EB angesichts noch vorhandener oder neu wachsender gesellschaftlicher Entfremdung und Entmündigung als Anwalt des sich emanzipierenden Subjektes zu begreifen. Ein nichtkirchlicher Bildungs- begriff kann in dieser vorherrschend durch den Brennpunkt "Emanzipation" (s. o.) geprägten EB ohne weiteres kirchlich verwendet werden.

2. Eine zweite Möglichkeit besteht darin, den Vorgang des Verlustes von Traditionsleitung ebenfalls positiv aufzunehmen und kirchliche Erwachse- nenbildung als Suchbewegung zu zwar nicht traditioneller, aber ausdrück- lich religiöser Erfahrung zu etablieren.

3. Eine dritte Möglichkeit besteht darin, den Vorgang des Verlustes von Traditionsleitung eher negativ zu sehen und zu versuchen, durch EB Entfremdete an kirchliche Traditionen zurückzubinden.

2.2.1.1 EB als Versöhnung der Kirche mit der Welt des neuzeitlichen Christentums

Als Beispiel für die erste Position kann die Erwachsenenbildungskon- zeption von Wolfgang Deresch dienen. Deresch beruft sich auf die "Theo- rie des neuzeitlichen Christentums", die die Emanzipation von kirchlicher Bestimmtheit als im reformatorischen Christentum selbst begründet

---

144 Wie stabil ist die Kirche?, 248. Zum Bildungsdilemma: R. Schloz, Das Bildungs- dilemma der Kirche, in: Kirchenmitgliedschaft im Wandel, Gütersloh 1990, 215ff.

ansieht. EB wird von daher als die Möglichkeit geschätzt, mit der die neuzeitliche Aufklärung mit ihrem kritischen Verhältnis zu Tradition und Kirchlichkeit in der Kirche selbst rehabilitiert wird. So soll die Kirche nach Deresch nicht in Diastase zur modernen Welt verharren, sondern in ihr die Frucht des Christentums wahrnehmen. Die "Menschen sind nicht einfach a-religiös, sie geben die Kernfrage nach Sinn und Ganzheit individueller Existenz durchaus nicht preis, ihre Frage wird bloß durch die selbstverständliche Teilnahme am religiösen Leben nicht mehr beantwortet ... Neuzeitliche Frömmigkeit will ... Ausdruck der Individualität sein, es ist eine kritische Religiosität, die ihre Eigenart in der Sorge des einzelnen um seine Identität hat".[145] In der EB soll diese Sorge des einzelnen um seine Identität als kirchliche Aufgabe ernst genommen und aufgegriffen werden. "An der Kirche ist es, diese kritische Religiosität ernst zu nehmen, ihr als distanzierter Kirchlichkeit einen institutionellen Rahmen zu gewähren ... Sie hat zu erkennen, daß christlicher Humanismus in der Gegenwart identisch ist mit dem Interesse an der Individualität und damit weithin identisch mit Bildungsfrömmigkeit ... Die Kirche muß ... individueller Frömmigkeit praktisch die Freiheit einräumen, die sie verkündigt ... sie muß neuen und selbständigen Gestaltungen dieser Frömmigkeit, die sich von traditioneller unterscheidet, ihr volles und uneingeschränktes Recht zukommen lassen".[146]

Bildung - im reflexiven Sinn - versteht Deresch als Suchbewegung der Individuen auf mehr Identität und Selbstbestimmung in allen Lebensbereichen hin. Die organisierte Bildung ist Hilfe in jenem Prozeß. "Sie hat also abzuzielen auf Sprache, Reflexion und Aktion. Und das zu dem Zweck, Menschen zu einem freieren und emanzipierteren Umgang mit sich selbst und den technisch-gesellschaftlichen Zwängen zu führen".

Es ist einsichtig, daß von hier aus für die EB alle jene Bereiche zu Bildungsfeldern werden, in denen die Freiheit und Identität des Menschen aktuell bedroht ist. Die Kirche hat "diejenigen Lebensprobleme in ihrer theologischen Relevanz anzuerkennen, welche die als christlich rehabilitierten Individuen infolge ihrer neuzeitlichen Daseinsverfassung aufwerfen. Fragen wie Frieden und Aggressivität, Entfremdung und Ausbeutung,

---

[145] Handbuch für kirchliche Erwachsenenbildung, Hamburg 1973, 61f.

[146] Deresch 61f.

Freiheit und Selbstverwirklichung, Leistungsdruck und Umweltzerstörung, Zukunft und Planung erhalten nicht erst im Umgang über die Bibel, Katechismus und Kirchengeschichte ihre Relevanz als Themen für Christen", sondern weil in diesen Fragen Identität und Freiheit des Menschen auf dem Spiel stehen, als deren Anwalt sich die christliche Kirche verstehen soll.[147] Es sind in gleicher Weise die äußeren Aufgaben und Probleme der Zeit wie die im Innern bedrohte Identität der Menschen, die die Bildungsverantwortung der Kirche wachrufen. EB dient der Freiheit der (christlichen) Bürger.

Würde man Deresch fragen, warum die Kirche die Aufgaben übernehmen soll, so erhielte man eine doppelte Antwort: 1. Formal gesehen ist die Kirche die große Institution, die relativ frei von ökonomischen und politischen Zwängen ist. Als solche bietet sie sich als "Institution der Freiheit" an.[148] 2. Inhaltlich gesehen schützt die Religion die Aufklärung und die Emanzipation vor ihrem Schatten, der eindimensionalen Rationalität. Sie sichert Freiheit, indem sie den Umschlag von Emanzipation in "technokratische Systemherrschaft verhindert" und die Aufklärung "vor der prinzipiellen Rücksichtslosigkeit menschlicher Selbstverwirklichung" bewahrt. Religion leistet dies nach Deresch "vor allem dadurch", daß sie den Platz Gottes offenhält. "Der christliche Beitrag zur Aufklärung liegt also heute in der Vermittlung einer Wirklichkeitserfahrung, für die Gott das letzte Wort

---

147 Deresch, 62. Deresch kann auch sagen, Theologie sei in der EB nur "mittelbar" anwesend (7), in der Art, wie gefragt, verstanden und gelehrt werde. Mit ähnlichen Zielen, aber konfliktorientierter als Deresch, stattet J. Lott, Handbuch Religion II. Erwachsenenbildung, Stuttgart 1984, die Erwachsenenbildung in evangelischer Trägerschaft aus. Erwachsenenbildung habe generell die Aufgabe, den Konflikt zwischen bestehender Lebenssituation und weitergehenden Lebenserwartungen, zwischen erfahrener Entfremdung einerseits und Identitätshoffnung andererseits zu bearbeiten. Sie "soll Menschen helfen zu lernen, diese sozialen Erfahrungen, die sie gemacht haben, exakt zu benennen ... und damit den ersten Schritt zu tun, um am Ende ihre gesellschaftliche Position zu verändern". Die "Erwachsenenbildung im Zusammenhang von Religion", wie Lott sie durchweg nennt, soll innerhalb dieser Gesamtaufgabe ihren Part spielen. Sie interessiert die Frage, ob religiöse Überlieferungen Konstruktionsmaterial für den Aufbau von Ich Identität zur Verfügung stellen können. Hier geht Lott über Deresch hinaus, für den in bestimmter Frontstellung inhaltliche theologische Momente weniger wichtig sind.

148 Es ist durchaus die Frage, ob die Kirche gegenwärtig diese aufklärerisch-politische Dimension von Bildung angesichts der Dominanz von "Qualifizierung" in der staatlich geförderten Fortbildung "stellvertretend" stärker berücksichtigen müßte. Kritisch zum Trend, Bildung auf Qualifizierung zu reduzieren: G. Strunk, Bildung zwischen Qualifizierung und Aufklärung, 1988.

angesichts des eigenen Lebens ist, das innere Sinnzentrum, dessen Verlust auch den Verlust der neuzeitlichen Lebenswelt nach sich ziehen müßte".[149] Mit anderen Worten: Durch die Rückbindung der neuzeitlichen Freiheit an ihre christlichen Wurzeln wird diese davor bewahrt, sich selbst absolut zu setzen und in ihr Gegenteil umzuschlagen.

Überblickt man dieses Konzept, gerade auch den zuletzt skizzierten Gedankengang, müßte man eigentlich fordern, daß EB auch explizit Glaube und Religion thematisiert und nicht nur die Felder bearbeitet, in denen Freiheit und Selbstbestimmung des Menschen bedroht sind. Diese Konsequenz wird bei Deresch nicht gezogen.[150] Die Forderung nach einer Versöhnung der Kirche mit der neuzeitlichen Welt müßte eine inhaltliche Thematisierung von Religion und Glaube gerade einschließen.

Die Forderung nach ausdrücklich religiöser und theologischer EB ist in dem folgenden Konzept von EB eingelöst, ohne daß allerdings wie bei Deresch u.a. die sozialethische und politische Dimension von Erwachsenenbildung ausdrücklich mitbetont wäre.

2.2.1.2 EB als Versöhnung der Kirche mit der Pluralität lebensgeschichtlicher religiöser Erfahrungen

Es fällt auf, wie in der Kirche seit den 70er Jahren die eigene Sache gerne in der Sprache des Lernens ausgedrückt wird. Hierher gehören die griffigen Formeln vom "Gottesdienst als Lernprozeß"[151], von der Kirche als "Lerngemeinschaft". Auf Ernst Lange geht die Rede von der "Korrelation von Glauben und Lernen" zurück, die in der Behauptung gipfelt, daß "Lernen heute eine notwendige Vollzugsform von Glauben" sei.[152] Glaube wird nicht als kritiklose Übernahme von Tradition verstanden, sondern als

---

149 Deresch 33.

150 Lott (Anmerkung 147) 132ff. ist hier konsequenter. Allerdings scheint es mir problematisch, Religion und Christentum auf ihre emanzipatorische Leistung hin zu funktionalisieren. Ähnliche Vorbehalte habe ich gegenüber: G. Orth, Erwachsenenbildung zwischen Parteilichkeit und Verständigung, Göttingen 1990.

151 D. Trautwein, Gottesdienst als Lernprozeß, Gelnhausen 1972.

152 Bildung als Problem der Kirche a.a.O., 218f.

offene, individuelle oder gemeinschaftliche Suchbewegung. Ein Ich oder eine Gruppe - mit ihren spezifischen Erfahrungen - ist das Subjekt in diesem Prozeß.

In dieser Zeit (1972) hat Ernst Feifel[153] aus der katholischen EB[154] - aber nicht nur für sie - exemplarisch ein solches Konzept theologischer Erwachsenenbildung vertreten. In deutlicher Abgrenzung gegenüber einer "Erwachsenenkatechese", bei der amtskirchlich Glaubensverkündigung an Erwachsenen betrieben wird, heißt es: "Die spezifische Aufgabe theologischer Erwachsenenbildung wird von einer pluralen Theologie geprägt, die der interpretierend - erhellenden und kritisch - befreienden Auslegung der Welt im Glauben verpflichtet ist". Diese theologische EB muß "die verschiedenen Interpretationsmöglichkeiten des Glaubens zur Sprache bringen". Glaube soll nicht "von oben" gelehrt werden, sondern "von unten" wachsen. Eine Fülle kreativer Methoden wurde entwickelt, die die Erwachsenen mit ihrer ganzen Person (Kopf, Herz und Bauch) in den Lernprozeß mit hineinnehmen. Immer ist es das Ziel, daß die Teilnehmer - auch in der Religion - "erwachsener werden", selbst-tätig und beteiligt. Die individuelle Gestalt des Glaubens wird so gewissermaßen durch EB in der Kirche rehabilitiert. EB dient - überspitzt gesagt - der Freiheit der (bürgerlichen) Christen.

In einem solchen Ansatz von EB sind zwei Voraussetzungen[155] enthalten, die hier ausdrücklich genannt werden sollen:

1. Wo man sich dem Ziel annähern will, den eigenen Glauben zu finden, kann es die Gegenüberstellung von Laien und Experten in dem Sinn nicht geben, daß der Experte sagt, wie "es" richtig bzw. falsch ist. Jeder Laie ist Experte, und auch der Experte ist Laie. Der Leiter oder die Leiter haben die

---

153 Erwachsenenbildung - Glaubenssinn und theologischer Lernprozeß, Zürich 1972 (Zitate 13).

154 Eine Aufarbeitung der Geschichte der Katholischen Erwachsenenbildung seit der Weimarer Republik bietet: Margret Fell, Mündig durch Bildung. Zur Geschichte Katholischer Erwachsenenbildung in der Bundesrepublik Deutschland zwischen 1945 und 1975, München 1983.

155 Vgl. z. B. J. Bauer/M. Nüchtern, Der Gott, dem ich vertraue. Mit Erwachsenen über den Glauben reden. Arbeitshilfen für die Erwachsenenbildung, Konstanz 1985, besonders 7ff.

Aufgabe, über den Schutzraum zu wachen, in dem sich die persönliche Begegnung mit der Tradition der christlichen Wahrheit entwickeln kann.

2. Weil es lebendige Menschen sind, die etwas glauben bzw. nicht glauben, schwebt der Glaube nicht über der Biographie, sondern hat sich in, mit, unter und gegen lebensgeschichtliche Erfahrungen entwickelt bzw. zu entwickeln. Biographische Erfahrungen geben der persönlichen Ausformung des Glaubens ihr Recht. Der Fortgang der Lebensgeschichte relativiert diese womöglich. So kommt es zu der These, daß vom Leben erzählt werden muß, wo vom Glauben geredet wird.

In unserem Zusammenhang ist es zweitrangig, ob Lebenserfahrungen und christliche Tradition sich eher in einem Korrelationsmodell gegenüberstehen oder - wie bei Volker Weymann - in einem kybernetischen Modell.[156] Glaube und Lebenserfahrung erschließen sich wechselseitig und gegenseitig (vgl. u. 2.2.3). Erfahrungen befragen die biblischen Texte und der biblische Text befragt die Erfahrung, so lautet der didaktische Kernsatz der Zürcher.[157]

Der religiöse Traditionsabbruch ist in diesem Modell freilich genauso vorausgesetzt wie im ersten. Im Gegensatz zum ersten Modell bemüht man sich aber um ein neues Wachsen religiöser Traditionen. So bestimmt nicht allein der Brennpunkt "Emanzipation" (s. o. 2.2) diese EB, sondern genauso der Brennpunkt "Vermittlung". Die Lernorte dieser Erwachsenenbildung sind nicht sosehr die vorhandenen Kirchengemeinden, sondern Bildungshäuser, übergemeindliche Tagungsstätten und Seminare. Von ihrem methodischen Anspruch her steht diese Erwachsenenbildung in

---

156 Evangelische Erwachsenenbildung - Grundlagen theologischer Didaktik, Stuttgart 1983. Angesichts der recht exlusiven Weise, in der Weymann die reformatorische Rechtfertigungs- und Sündenlehre in seinen Überlegungen zur Sprache bringt, möchte ich für die Grundlegung von EB auf Motive aus dem Horizont des ersten Glaubensartikels nicht verzichten: auf Erfahrungen der Führung und des Segens, auf Dank und Lob, die sich nicht der "befreienden Widerspruchserfahrung" subsumieren lassen, sondern menschliches Leben unter dem Blickwinkel der Kontinuität und Entwicklung sehen. Wie mag ohne solche Motive der Schritt vom Glauben zum Handeln in der Welt sachgemäß erschlossen werden? Bei Weymann scheint mir der Glaube die Lebenserfahrung doch wesentlich stärker zu erschließen als umgekehrt!

157 Vgl. dazu vor allem Th. Vogt, Bibelarbeit, Stuttgart 1985.

deutlicher Spannung zur parochialen Betreuungskirche.[158] Sie integriert die Erwachsenen nicht einfach in bestehende Gemeinden, sondern ist eher eine Emanzipationsbewegung oder sogar Elitebildung bestimmter Kreise und Gruppen in der Kirche.[159]

Kritisch ist gegenüber dieser Erwachsenenbildung eingewandt worden, daß kaum in einem eigenständigen Sinn von Lernen und Bildung gesprochen werden könne, weil der Glaube hier fast identisch mit Lernen geworden sei. Dies wirft Fragen auf im Zusammenhang mit der Einfügung solcher Erwachsenenbildung in staatlich geförderte Fort- und Weiterbildung. Vor allem aber muß eine solche EB deutlich machen, daß sie nicht einfach "volksmissionarisch" eine Fortsetzung der Verkündigung mit anderen Mitteln ist, sondern die Lebenswelt der Teilnehmer(innen) klären und Handeln vorbereiten will.

2.2.1.3 EB als Versöhnung mit traditioneller Kirchlichkeit?

Enger bezogen auf die traditionellen kirchlichen Institutionen bestimmt ein drittes Modell die EB. Es tritt in der Schrift der Bildungskammer der EKD "Zusammenhang von Leben, Glauben und Lernen. Empfehlungen zur Gemeindepädagogik"[160] zutage.

Der Titel der Schrift ist sehr bewußt gewählt und enthält das ganze Programm: Lernprozesse müssen, wenn sie erfolgreich sein wollen, in Lebensprozesse integriert sein oder zumindest von Lebensprozessen begleitet werden. Das Leben sichert das Gelernte und macht es plausibel.

---

158 Vogt, a.a.O. 142ff., hat das Verdienst, auf die dogmatischen und näherhin ekklesiologischen Implikationen von EB hinzuweisen.

159 Wenn es stimmt, daß die "Kirchen ... seit dem Wertwandlungsschub nicht mehr in der Lage (waren), die weiterhin vorhandenen religionsproduktiven Bedürfnisse und Bereitschaften aufzufangen, weil sie - auf Grund des in ihnen verankerten traditionalistischen Wertsystems und ihres hierarchischen Autoritätsverständnisses als Institutionen und Organisationen - den nunmehrigen Werten und Erwartungen der Menschen nicht mehr gerecht wurden" (Zukunftsperspektiven gesellschaftlicher Entwicklungen. Bericht im Auftrag der Landesregierung Baden-Württemberg 1983, 40f.), dann versucht diese EB bewußt das "Über-Ich-Image" der Kirche zu korrigieren.

160 Gütersloh 1982.

Die Vermittlung von Glauben und Lernen gelingt nur über das Leben, wo der Glaube nicht Theorie, sondern selbstverständliche Praxis wird.

Der Traditionsabbruch, der auch hier vorausgesetzt ist, wird als "Verlust an Erfahrung christlicher Lebensformen und der Begegnung mit Vorbildern, durch die Botschaft und Überlieferung der Kirche anschaulich und erfahrbar werden,"[161] interpretiert. So wird es zur zentralen Aufgabe, "das pädagogische Handeln und die Bildungsangebote nicht zu isolieren",[162] sondern an die Gemeinde und das gemeinsame Leben in ihr zurückzubinden. Besondere Handlungsfelder dieser EB sind dann die Nachbarschaft, der Kindergarten u.a.m. Die allgemeine pädagogische Erkenntnis, daß Lernen ohne Lebenspraxis folgenlos bleibt und verkümmert, dient der Rehabilitierung der vorhandenen Gemeinden und der christlichen Gruppen in der Parochie. Durch Austausch von Erfahrungen in Hauskreisen, Begegnungen zwischen Alten und Jüngeren im Kindergarten, im Konfirmandenunterricht, in der Vorbereitung von Familiengottesdiensten soll - im Gegensatz zum zweiten Modell - eher in die vorhandene Gemeindefrömmigkeit eingeübt werden.

Der "Feind" dieses stark am Gemeindeaufbau orientierten Modells von EB ist die Aufsplitterung, die Spezialisierung und Differenzierung kirchlicher Arbeit. Die Schrift der Bildungskammer beklagt die Verselbständigung von Mitarbeitergruppen und kirchlichen Arbeitsfeldern und fordert, daß die Erwachsenenbildung ihren Beitrag zum Aufbau der Gemeinde leisten müsse. Denn nach der Aufbau- und Wachstumsphase kirchlicher EB unter dem Rückenwind staatlicher Förderung ist die Sorge gewachsen, daß evangelische Erwachsenenbildung ihre Identität verlieren könnte.

So richtig die Erkenntnis vom Zusammenhang von Lernen und Leben ist und so sympathisch die Skepsis gegenüber organisierten Lernprozessen erscheint, so fragwürdig wird es, wenn man die Linien der Bildungskammerempfehlungen ein wenig weiter auszieht und zuspitzt. Was geschieht mit den Christen, die sich dem Anspruch gemeinsamen Lebens und eines Frömmigkeitsstils im Netz der vorhandenen Gemeinde nicht fügen wollen? Führt dann der Versuch, die Privatisierung des Glaubens

---

[161] A. a. O. 43.

[162] A. a. O. 22.

rückgängig zu machen, nicht aufs neue in ein Ghetto - in das Ghetto einer durch bestimmte religiöse Lebensformen ausgezeichneten Gruppe? Sichert die Unterscheidung von Bildung und Leben nicht gerade ein Stück neuzeitlicher Freiheit und Privatheit?[163] Man kann die kritischen Anfragen an dieses Konzept der Gemeindepädagogik auch anders formulieren: Wieweit ist es sich bewußt, daß die Rückbindung an traditionelle Lebensformen durch Erwachsenenbildung selbst Ausdruck der Pluralität religiösen Lebens ist? Traditionsleitung erscheint dann als *eine* Möglichkeit innerhalb der Klammer pluraler christlicher Frömmigkeit.

Hier wird das sogenannte "Bildungsdilemma" der Kirche in verschärfter Form erkennbar. Die Entfremdung von kirchlicher Tradition provoziert kirchliche Bildungsbemühungen, aber die Nutzung des Instrumentes Bildung schafft unter den gegebenen Bedingungen nicht einheitliche Tradition, sondern je eigenen Umgang mit der Tradition. Durch Bildung kann der Verlust einheitlicher Traditionsleitung nicht rückgängig gemacht werden, sondern nur - und das ist nicht wenig - ein freier, vielfältiger Zugang zur Tradition eröffnet werden. Die Einheit liegt dann in der Tradition, auf die man sich plural bezieht, nicht in der Form und Praxis des Bezugs. Bildung kann nicht den einheitlichen Zugang zur Tradition stiften, vielmehr schafft sie unterschiedliche Zugänge zur einheitsstiftenden Tradition. Die Folge des Heimischwerdens von "Bildung" in der Kirche ist also eine Pluralisierung: eine Verlebendigung christlicher Tradition. Daran führt kein Weg vorbei. Wie sich dies auf das Kirchen- und Gemeindeverständnis auswirkt, soll im folgenden angedeutet werden.

2.2.2 Zum Kirchen- und Gemeindeverständnis im Horizont von EB

Situationen

a) Zu dem Seminar der städtischen EB-Stelle "Bruder Sonne - Schwester Mond. Sich auf die Schöpfung besinnen" ist auch Frau K. gekommen. Sie

---

163 Vgl. K. Wegenast, Bildung und Sozialisation, in: HPTH, III, Gütersloh 1983, 320: "Kirche ist nur dann wirklich Kirche als hermeneutischer Ort (scil. des Evangeliums), wenn sie ihre Glieder auch f r e i s e t z t zu einer e i g e n e n christlichen Lebensführung und Denkweise" (Sperrung M. N.)

hat in der Zeitung den Hinweis auf das Seminar gelesen. Bei der Vorstellungsrunde erzählt sie, sie sei aus der katholischen Kirche ausgetreten, merke aber, daß sie sich in einer Phase befinde, wo sie sich wieder für "Religiöses" interessiere. Sie sei "neugierig" auf das Seminar.

Dieser Weg einer Teilnehmerin zu einer EB-Veranstaltung ist nicht untypisch. Eine besondere Lebenssituation, ein Interesse am Thema läßt das offene Angebot einer kirchlichen Stelle wahrnehmen, so wie auch das Bildungsangebot eines anderen Trägers wahrgenommen würde, wobei die Wahl des Trägers aber sicher mit besonderen Erwartungen verbunden ist. Einer solchen Situation muß das Kirchen- und Gemeindeverständnis, das im Horizont von EB wächst, gerecht werden. Kirche wird hier wahrgenommen als ein Stand auf dem Markt der Möglichkeiten, als eine Art offene Agentur.

Wie diese Agentur von der Gemeinde her, also gleichsam von innen her gesehen wird, kann beispielhaft durch die Stimmen eines Gemeindepfarrers und eines Gemeindeglieds[164] zum Thema EB belegt werden, die andere Anforderungen in bezug auf das Kirchenverständnis der EB stellen.

b) Der Gemeindepfarrer - engagiert im regionalen Verantwortungsträger der EB - äußert: "Es ist doch eine immer wieder aufbrechende und noch keineswegs endgültig beantwortete Frage, wie das, was Gemeindearbeit heißt, und das, was Erwachsenenbildung genannt wird, sich zueinander verhalten." Entgegen der durchaus verbreiteten Meinung, "Erwachsenenbildung - das haben wir in der Kirche schon immer gemacht!", empfindet er zurecht eine Spannung, die durch den methodischen Anspruch, die Institutionalisierung, und damit zusammenhängend, die Hineinnahme der EB in kirchlicher Trägerschaft in den öffentlichen Bildungsauftrag (Abrechnungen, Zuschüsse) hervorgerufen wird. Angesichts dessen fordert der Pfarrer: "... Thema muß die Gemeinde bleiben! ... Alles, was Erwachsenenbildung ausmacht, muß sich bewähren, täglich, jährlich bewähren auf dem steinigen Boden der Gemeinde. Wenn ich wissen will, was Erwachsenenbildung ist, muß ich wissen, was Gemeinde ist!" Entfremdung von der

---

[164] Die folgenden Zitate stammen aus: Erwachsenenbildung in Kirche und Gesellschaft, ThPr 1981, Heft 1 + 2, 3 - 5.

Gemeinde - das sieht also der Pfarrer als Gefahr und Rückbindung an die Gemeinde als Medizin gegen Verselbständigung oder sogar Beliebigkeit.

Von ihren Anfängen her hat die Institution EB freilich den Lernort Gemeinde immer wieder gesprengt: "Evangelische Erwachsenenbildung geschieht in Offenheit. Das Bildungsangebot richtet sich nicht nur an die der Kirche zugehörenden und ihr nahestehenden Menschen und Gruppen, sondern an jedermann. Der Teilnehmerkreis kann höchstens nach sachlichen Gesichtspunkten ..., nicht aber nach konfessionell-religiösen Gesichtspunkten beschränkt werden. Diese Offenheit entspringt nicht sekundären Erwägungen, sondern hängt mit dem Auftrag Jesu Christi zusammen, seine Botschaft allen Menschen zu verkündigen".[165] Gerade vom Grund der Kirche her wird in diesem Basisdokument der EB eine weite, vorfindliche Grenzen überschreitende Arbeit der EB gefordert. Daß diese Weite auch Bedingung für die Hineinnahme der EB in den öffentlichen Bildungsauftrag ist, sei hier nur vermerkt.

Die Meinung des oben zitierten Pfarrers in bezug auf die Gemeindeorientierung von Erwachsenenbildung klingt aber möglicherweise enger, als sie tatsächlich gemeint ist. Er denkt nicht ohne weiteres an eine Erwachsenenbildung, die nur der verlängerte Arm der Parochie ist, denn er fügt einen Schluß an: "Wenn ich wissen will, was Erwachsenenbildung ist, muß ich wissen, was Gemeinde ist! ... und weiß ich, was Gemeinde ist?" Ist damit angedeutet, daß die Praxis von Erwachsenenbildung zurückwirkt auf das Verständnis von Gemeinde?

c) Die Assoziationen des Gemeindegliedes zum Stichwort EB passen gut zu dieser Frage. Das Gemeindeglied interessiert die "Erwachsenenbildung in meiner Kirchengemeinde". Statt der noch formalen Zielsetzung, "der Gemeinde dienen", wird eine spezifische Sicht von Gemeinde vertreten: "Erwachsenenbildung fängt für mich damit an, daß erwachsenen Menschen Hilfen angeboten werden, ihre eigenen Vorschläge im jeweiligen Lebensbereich - hier also der Kirchengemeinde - überlegt zu verwirklichen". Daß die "Ermutigung zur selbständigen Mitarbeit" zu Konflikten mit dem Kirchenverständnis von Pfarrern führen kann, hat dieses Gemeindeglied

---

165 Überlegungen zur Erwachsenenbildung (1967), zitiert nach: Erwachsenenbildung in Kirche und Gesellschaft a.a.O. 135.

offenbar schon erlebt. Erwachsenenbildung wird so zum Hoffnungsträger: Sie "kommt da zum Ziel, wo sie Gemeindeglieder fähig macht, brachliegende eigene Fähigkeiten zum Nutzen der Gemeinde zu mobilisieren. Wieviele Pfarrer wissen das?" Das Gemeindeglied hofft also, mit Hilfe von EB mehr "Gemeinde von unten" verwirklichen zu können.

In diesen drei Äußerungen erscheinen drei sich nicht notwendig widersprechende, aber spannungsvolle Verständnisweisen von Gemeinde: 1. ein Marktstand, in dem Menschen auf Zeit mit einer vielleicht spezifischen Erwartung an Kirche, aber vordringlich aus Interesse am Thema zusammenkommen und arbeiten; 2. die durch EB zu fördernde vorhandene Gemeinde und Parochie; 3. eine "Gemeinde von unten", die möglicherweise quer zu den Grenzen der Parochie liegt, in der Laien mündig und aktiv werden. Diese drei Varianten sind nicht zufällig. In ihnen klingen die oben dargestellten Wege der Rezeption des Bildungsthemas in der Kirche wider.

2.2.2.1 Die lehrende Kirche

Die durch die Praxis von EB herausgeforderte Klärung des Kirchen- und Gemeindeverständnisses ist zu Beginn der 80er Jahre durch zwei wichtige Dokumente vorangetrieben worden. Die DEAE (Deutsche Evangelische Arbeitsgemeinschaft für Erwachsenenbildung) veröffentlichte ein "Positionspapier"[166] mit dem Titel "Evangelische Erwachsenenbildung - ein Auftrag der Kirche", und die EKD-Kammer für Bildung und Erziehung brachte "Grundsätze" heraus: Erwachsenenbildung als Aufgabe der Evangelischen Kirche.[167] Beide Texte stimmen darin überein, daß sie Erwachsenenbildung als ein der Kirche nicht fremdes, sondern eigenes Geschehen interpretieren. Sie dokumentieren, daß Erwachsenenbildung in der Kirche heimisch geworden ist mit Hilfe ebenfalls fast gleichlautender Umschreibungen. Die DEAE definiert in ihrem ersten Abschnitt Erwachsenenbildung als "Lebensäußerung der Kirche", während die Bildungs-

---

[166] Karlsruhe 1983.

[167] Gütersloh 1983.

kammer von der Erwachsenenbildung als "Lebensfunktion"[168] der Kirche spricht. Lernen und Lehren signalisieren also in beiden Texten "Lebendigkeit". In der inhaltlichen Präzisierung und Akzentsetzung zeigen sich aber charakteristische Differenzen zwischen dem Text der Bildungskammer und dem der DEAE. Sie betreffen gerade das Kirchenverständnis.

Die Grundsätze der Bildungskammer vertreten gleich am Anfang eine Weise der Aneignung des Bildungsthemas durch die Kirche, die wir schon kennen. Erwachsenenbildung ist der Handlungsbereich der Kirche, der die Entfremdung und Distanz zum christlichen Glauben bearbeiten will und soll. "Evangelische Erwachsenenbildung ist kirchliche Erwachsenenbildung. Sie hat Teil an der Grundaufgabe der Kirche, dem Lehren und dem Lernen, und ist wie dieses theologisch notwendig. Die Kirche hat die Pflicht, dem, der zu ihr gehören will, zeit seines Lebens zu helfen, sich über sein Christsein Rechenschaft abzugeben, damit er erkennen kann, was es heißt, als Christ zu glauben, in der Welt zu leben und hierbei Glied der Kirche zu sein" (7). Diese Aufgabe der Kirche besteht zwar grundsätzlich, ist aber, so die Bildungskammer, heute besonders dringlich durch die verlorene Selbstverständlichkeit des christlichen Glaubens und des christlichen Handelns.

Wird so die Erwachsenenbildung zu den "Grundaufgaben" der Kirche gezählt, ist es verständlich, daß der EKD-Text eine Erwachsenenbildung ablehnt, die sich darauf beschränkt, nur "Lebenshilfe" zu leisten, und nicht zugleich Hilfe zum Glauben sein will. "Jeder (in der EB) verantwortlich Tätige wird sich ... fragen müssen, wie das, was getan wird, ein Zeugnis des christlichen Glaubens ist, das aus dem Glauben kommt und zum Glauben hilft". In der EB "dürfen nicht zwei unverbundene Formen der Arbeit entstehen: eine, der es um Lebens- und Glaubenshilfe zu tun ist, eine andere, die sich nur als Lebenshilfe versteht und - von der christlichen Glaubenserfahrung losgelöst - im Grunde theologisch nicht verantwortbar ist" (10).

Mag man bisher den Eindruck gewinnen, hier werde EB kirchlich domestiziert und katechetisch verengt, so ist in dem EKD-Text aber auch eine

---

168 Grundsätze 11. Der EKD-Text hat die Tendenz, gleichzeitig Lehren und Lernen als eigenständigen Handlungsbereich herauszustellen im Gegenüber zur Verkündigung, Diakonie usw.

öffnende Bewegung wahrzunehmen. Sie zeigt sich in der Unterscheidung zwischen einem "Grundauftrag" und seinen Ausgestaltungsformen.[169] "Hilfe zum und im Glauben" gilt als "Grundauftrag" der EB, der sich in einer breiten Palette von Ausgestaltungsmöglichkeiten realisieren kann. "Kirchliche Erwachsenenbildung hat viele Formen, aber einen Auftrag". Die Pointe der Grundsätze der EKD-Kammer ist gerade, daß sie die ganze Bandbreite von EB in den unterschiedlichen Handlungsfeldern gewissermaßen unter dem Dach der lehrenden Kirche versammelt. So soll z.B. eine Isolierung der EB von der Ortsgemeinde überwunden werden (13), aber es kann dann doch entschränkend heißen: "Lernen mit Erwachsenen in der Gemeinde zielt nicht nur auf die Gemeinde vor Ort, die Ortsgemeinde, sondern auch auf die Gemeinde am gegebenen Ort, wo immer sie aus der Kraft des Geistes unter dem Wort lebendig wird. Dies kann eine Familienbildungsstätte, eine Diakoniestation, ein Haus der offenen Tür oder eine christliche Dritte-Welt-Initiative-Gruppe irgendwo im gesellschaftlichen Gesamtfeld sein".[170] Wenn man es in einem Bild ausdrücken kann, so ist in den Grundsätzen die Kirche, die Erwachsenenbildung betreibt, gleichsam ein Flottenstützpunkt, der Schiffe hierhin und dorthin aussendet und wieder sammelt. Die Grundbestimmung "lehrende Kirche" ermöglicht Formenvielfalt und Gestaltungsvarianten. Alles wird dabei darauf ankommen, daß unter dem Dach der lehrenden Kirche EB nicht zum Katechismusunterricht wird, sondern Bildung Erwachsener bleibt, in deren Lebenssituation zu klären und zu orientieren schlechthin oberstes Ziel ist.

2.2.2.2 Die lernende Gemeinde

Wo im Text der EKD-Kammer das Bild der Organisation mit verschiedenen Gliederungen entsteht, die an ihren Mitgliedern differenziert, aber mit gleicher Intention handelt, vermittelt das DEAE-Papier das Bild einer Gemeinde und Kirche, die ein lebendiger, aber nicht klar abgegrenzter

---

[169] Vgl. 19ff.; 26.

[170] Grundsätze 14. Zu den Begriffen "vor Ort", "am gegebenen Ort" vgl. K. E. Nipkow, Grundfragen der Religionspädagogik, Band 3, Gütersloh 1982, 234, 252. Interessant ist, daß die Orte immer als "Gemeinde" bezeichnet werden und EB nicht unmittelbar der Gesellschaft oder Lebenswelt dienen will.

Organismus ist. Erwachsenenbildung ist für die Lebendigkeit dieses Organismus schlechthin notwendig: "So kann sie (die EB) dazu beitragen, Kirche zu verwirklichen, und mithelfen, daß das Volk Gottes als Lerngemeinschaft unterwegs bleibt". Lernen und Lehren verschränken sich für die Kirche im Vollzug ihres Auftrags: "Die Kirche ist bei der Bemühung, Überlieferung und gegenwärtige Herausforderung zu verknüpfen, nicht nur wissende, orientierende, lehrende Kirche. Sie ist gleichermaßen suchende, fragende, lernende Kirche."[171]

Wo eine Lernaufgabe sich stellt, da kann und soll sich - nach dem DEAE-Papier - Lerngemeinschaft und damit Kirche ereignen. Die Bedeutung traditioneller kirchlicher Institutionen tritt gegenüber dem aktuellen Lernort zurück. Gemeinde bildet sich "am jeweiligen Ort". Kirche als Lerngemeinschaft vollzieht sich "in allen erforderlichen und möglichen Spezialformen: von der Haus- und Basisgemeinde über die Lerngruppe, die Aktionsgruppe, die Ortsgemeinde bis hin zu christlich verantworteten sozialen Bewegungen und anderen Versuchen religiöser Erneuerung". Deutlich spürt man, wie bei der DEAE die Arbeit in projekt- und erlebnisbezogenen Gruppen das Gemeindeverständnis prägt und verflüssigt. Wo die Grundsätze auf das Handeln der Institution blicken, schaut das DEAE-Papier auf die Prozesse in der Lerngruppe.

Was die Lernaufgaben betrifft, ist der DEAE-Text näher an dem Konzept von Deresch. So ist die Kirche auch nicht eigentlich durch die "Defizite" der Mitglieder herausgefordert als vielmehr durch die gegenwärtige Weltsituation und Zeitprobleme. Die Unterscheidung zwischen Glaubens- und Lebenshilfe[172], die für die Grundsätze der Bildungskammer so wichtig ist, findet sich daher im DEAE-Papier nicht. Lebenshilfe und Glaubenshilfe gehen ineinander über. Kirche - das sind gleichsam Expeditionsboote, deren wechselnde Besatzungen zu diesem und jenem Unternehmen aufbrechen.

Vergegenwärtigt man sich die beiden Dokumente des Jahres 1983, so scheinen sie durch ihre Akzentsetzungen die bekannte Spannung zwischen Kirche als Organisation auf der einen und Gemeinde als Vollzug auf der

---

171 Zitate. Positionspapier 2; 3.

172 Grundsätze 6.

anderen Seite zu variieren. Das Phänomen EB veranlaßt aber, über diese Spannung hinauszudenken. Angesichts der Bildungsaufgaben ergänzen sich nämlich beide Dokumente. Sie verbindet das gemeinsame Ziel der Vermittlung von Evangelium und Leben. EB ist in beiden Schriften die Suchbewegung auf das Einheimisch- und Wirksamwerden des Evangeliums in unterschiedlichen Lebenssituationen. *Die EKD-Schrift verpflichtet die Institution Kirche auf diese vielfältigen Suchbewegungen; im DEAE-Papier gerät im Zuge der Suchbewegungen das Ensemble vorhandener Organisationsformen kirchlicher Arbeit in Fluß.*[173] Die Verfasser des DEAE-Papiers wären daran zu erinnern, daß die von ihnen gewollten Realisierungen von "Gemeinde von unten" die verfaßte Kirche als Bedingung - auch - voraussetzen. Ohne die Stellung der Organisation Kirche in der Gesellschaft wäre es kaum möglich, Mitarbeiter(innen) freizustellen, die solches Lernen begleiten. Umgekehrt wäre die verfaßte Kirche daran zu erinnern, daß es Zeichen gerade ihrer Lebendigkeit und der Lebendigkeit der ihr anvertrauten Botschaft ist, daß sich auch immer wieder "bei Gelegenheit" Gemeinschaft bildet, die sich mit Hilfe des Evangeliums definieren möchte und definieren kann.

So zeigt sich im Zusammenhang von EB, daß Kirche selbst die Möglichkeit zu "Gemeinde bei Gelegenheit" institutionalisiert hat und damit das Problem, aber auch die Chance unterschiedlicher Erfahrungsräume christlichen Glaubens bejaht hat. Was im Zusammenhang von EB grundsätzlich akzeptiert ist, darf und kann Rückwirkungen haben auf das Handeln der Gemeinde bei Gottesdiensten und Amtshandlungen.

2.2.2.3 Die lehrende Kirche, die lernende Gemeinde und der transitorische Charakter von Bildung

In beiden Programmschriften des Jahres 1983 sind Kirche und Gemeinde einerseits und Bildung und Lernen andererseits aufs engste miteinander verknüpft. Der EKD-Kammer gelingt dies vornehmlich, indem sie die

---

[173] "In solchen Lerngemeinschaften wird christliche Gemeinde erfahren. Es sind oftmals Gemeinden auf Zeit für Menschen, die eine Aufgabe, ein Geschick oder beides miteinander verbindet", Positionspapier 9.

Kirche an ihre Lehraufgabe erinnert, der DEAE, indem sie an unterschiedlichen Lernfeldern und Herausforderungen Gemeinde entstehen oder tätig werden läßt.

Nun kritisiert Gerhard Strunk[174] beide Schriften, weil sie "ausschließlich kirchlich und theologisch" orientiert seien und die gesellschaftliche Verantwortung der Kirche dafür, daß Bildung nicht zur Qualifizierung verkomme, außer acht lasse.[175] Er sieht bei der DEAE und bei der EKD-Kammer in gleicher Weise die Bildungsaufgabe von der Missionsaufgabe verdrängt. Lernen und Bildung sei so sehr als Praxis des Evangeliums und/oder Verkündigung gedacht, daß kaum noch in einem eigenständigen Sinn von Bildung gesprochen werden könne. In der Tat darf im Zuge der Aneignung des Bildungsthemas durch die Kirche nicht vergessen werden, daß evangelische EB "nicht zuerst Arbeit für und mit Erwachsenen zu Nutzen der Institution Kirche (ist), sondern ... zur allgemeinen Bildungsarbeit der Gesellschaft (gehört), die als gesamte einen Beitrag leisten möchte für Gegenwart und Zukunft der Erwachsenen."[176]

Strunk betont, daß eine im "Modus der Verkündigung" begriffene Bildung nicht als Strategie tauge, um das Bildungsdilemma der Kirche zu lösen. Damit werde nur das wiederholt, was sich längst als unwirksam erwiesen habe: durch kirchliche Unterweisung Kirchenmitgliedschaft zu stabilisieren.[177] Gefragt sei vielmehr eine Bildung, die den mündigen Erwachsenen mit seinen Wünschen nach kritischer, selbstverantworteter Partizipation und selbstbestimmter Distanz ernst nehme. Will sich Kirche an Bildung beteiligen, kann sie nicht die "zielgerichtete Vermittlung ihrer Grundorientierung und ihres Menschenbildes anstreben, sondern nur die Auseinandersetzung mit ihnen provozieren". "Worauf die Kirche als Träger von Erwachsenenbildung allein bauen kann, ist die argumentative Plausibilität ihrer Deutungsangebote. Der Rest ist Anerkennung und Respekt vor der

---

174 Evangelische Erwachsenenbildung oder Erwachsenenbildung in evangelischer Trägerschaft, in: DEAE-Informationspapier 52-53, Karlsruhe 1985, 51ff.; vgl. ders., Kirche im Bildungsgeschehen, Diskussionen 25, 1987, 45ff.

175 Dies ist die eigentliche Stoßrichtung der Kritik Strunks. Ähnlich wie Deresch (s. o.) ist ihm der gesellschaftliche Beitrag der Kirche, also ihr Beitrag für einen nicht ohne weiteres kirchlichen Zweck, wichtig.

176 Wegenast, Evangelische Erwachsenenbildung, in: Gemeindepädagogisches Kompendium, 383.

Entscheidung der Erwachsenen". Das Insistieren auf einer Selbstbegrenzung von organisierter Bildung angesichts des mündigen Erwachsenen zeigt sich bei Strunk besonders da, wo er die Lernsituation von der Lebenssituation in bestimmter Frontstellung unterscheiden will: "Sosehr Bildung ... von der Lebenswelt der Erwachsenen ausgeht und auf die konkreten Lebenszusammenhänge bezogen bleibt, sosehr bleibt sie selbst Bildungs- und Lernsituation ... Organisierte und institutionalisierte Bildung hat darum für den lernenden Erwachsenen auch nur transitorische Bedeutung".[178]

Wo Strunk von einer schroffen Gegenüberstellung von Verkündigung einerseits und Bildung und Lernen andererseits ausgeht, übersieht er geflissentlich in den Texten der EKD und der DEAE alle Versuche der Vermittlung zwischen beiden: bei der EKD-Kammer die wichtige Unterscheidung zwischen Erwachsenenbildung als "grundsätzlicher Lebensfunktion der Kirche" und "Formenvielfalt", die eine lebenswelt- und teilnehmerorientierte Ausgestaltung des kirchlichen Bildungsauftrags ermöglicht; bei der DEAE die häufige Betonung der Mitbeteiligung der Teilnehmer am Lerngeschehen. Kann man beiden Papieren also nicht den Vorwurf machen, hier ziele Bildung auf autoritäre Vermittlung einer Grundorientierung und nicht auf kritische Auseinandersetzung, so bleibt die Strunksche Einrede dennoch wichtig. Sie bringt gleichsam auf den Punkt, was es heißt, daß Kirche sich auf "Bildung" einläßt: die gegenüber autoritativer Verkündigung neue und andere Rolle der Teilnehmer und ihrer Lebenssituation für kirchliches Handeln. Mit den Zielen Teilnehmer- und Situationsorientierung hat die EB der Kirche nicht nur verschiedene individuelle Formen und inhaltliche Ausprägungen des Teilnehmerverhaltens grundsätzlich bejaht, sondern gerade auch die nichtkirchliche Zweckbestimmung und das "transitorische Moment", das Bildung grundsätzlich eignet, als Element in kirchlichem Handeln aufgenommen.

---

[177] Strunk, 75f.

[178] Strunk, 69f., 71.

2.2.2.4 Zusammenfassung

Typisch für die Arbeit der EB ist die Erfahrung, daß sich Teilnehmer von den zeitlich begrenzten Angeboten angesprochen fühlen, weil sie etwas für sich selbst erhoffen, vielleicht Gemeinschaft auf Zeit, ohne aber notwendig in einer verbindlichen Weise an Gemeinde auf Dauer partizipieren zu wollen. Der EB eignet grundsätzlich ein "okkasionelles Moment" (H. Groothoff). Ein Teilnahmeverhalten, das im Zusammenhang von Ortsgemeinde als problematisch erlebt wird, erscheint im Kontext von EB durchaus normal und legitim. Durch die übergemeindliche Einrichtung EB hat die Kirche selbst die Möglichkeit zu "Gelegentlichkeit" geschaffen. Die Teilnehmer selbst bestimmen über Dauer, Art und Inhalt ihres Kontaktes. Kirche ist hier "Kirche bei Gelegenheit". Anders ausgedrückt: *"Kirche bei Gelegenheit" ist das Produkt der Vermittlung von Kirche und Bildung.*

Projizieren wir das Ergebnis dieses Gedankengangs auf die Kasualien der Gemeinde, so müssen wir sagen: Was die Kasualpraxis in der Gemeinde von der EB lernen könnte, ist daher nicht zuerst diese oder jene Methode der Unterweisung, sondern eine Perspektive, die bei den Betroffenen als Subjekten ansetzt, die eine konkrete Lebenssituation mit Hilfe von Kirche gestalten wollen. Diese Herausforderung kann Kirche als *Chance* annehmen, weil "Glaubensaussagen aus bestimmten Lebenserfahrungen heraus entstanden sind und am besten auf entsprechende Lebenssituationen hin neu zur Sprache gebracht werden können".[179] Missionarisch ist dann gewiß nicht das Ziel, vielleicht aber die Wirkung von Kirche bei Gelegenheit.

Sicherlich hat Kirche damit Spannungen in sich integriert, die durch eine Zielperspektive erträglich sein können: "Leitend ist ein Kirchenbild, das die Volkskirche als Institution der Freiheit versteht, die in sich Raum gibt für vielfältig differenzierte Formen des Zugangs und Umgangs mit der christlichen Wahrheit und ihre innere Stärke in der Integration realisierter christlicher Freiheit unter Beweis stellt."[180]

---

[179] Wegenast, (Anm. 141) 405.
[180] Christsein gestalten, Gütersloh 1986, 70.

2.2.3 Glaube im Horizont des Lebens - Die Vermittlung von Evangelium und Lebenssituation in der EB

Im Zusammenhang von EB zeigt Kirche vielfältige Gesichter. Die christliche Wahrheit wird in unterschiedlichen Problemsituationen und Lebensbereichen heimisch. Die offene und eigenständige Organisationsform von EB ermöglicht dies. Liegt die Stärke der EB darin, daß sie ein Eingehen auf die verschiedensten Lebenssituationen erlaubt, so machen z.B. die Grundsätze der Bildungskammer und die Empfehlungen zur Gemeindepädagogik an eben dieser Bewegung ihre Sorge fest: Das Zu- und Eingehen auf die Problemfelder könne einer Entfernung von der kirchlichen Herkunft gleichkommen und den Verlust der kirchlichen und evangelischen Identität der EB bedeuten. Die Rückbindung der Aktivitäten der EB an die "Gemeinde" soll die kirchliche Identität immer wieder sichern. Um der Gefahr der Entfremdung willen soll sie letztlich ein Instrument der Eingemeindung werden.

Es ist die Grundfrage unserer Überlegungen zu "Kirche bei Gelegenheit", ob die kirchliche Identität bloß in dieser Weise organisatorisch durch die Rückbindung an die Parochie bewahrt werden kann oder ob kirchliche Identität nicht vielmehr auf einer inhaltlichen Ebene gesucht und gefunden werden muß: durch die Entdeckung oder die Einheimischwerdung derselben, aber nicht ein für allemal ausformulierten christlichen Wahrheit in den unterschiedlichen Lebenssituationen. Die Aufmerksamkeit richtet sich im ersten Fall auf die Frage, wie die kirchlichen Ambulanzen mit der Gemeinde zu verknüpfen sind, im zweiten Fall auf die Frage, wie das Evangelium mit unterschiedlichen Lebenssituationen vermittelt werden kann. Letzteres ist meines Erachtens die Grundaufgabe der EB, die den Namen "evangelisch" zu Recht trägt.

Die Grundsätze der Bildungskammer verstehen ebenfalls EB als Institut der Vermittlung zwischen Glaube und Leben schlechthin. D. h., weder sollen in der EB christliche Inhalte "tot" und lebensfern zur Sprache kommen, noch soll es eine von christlicher Glaubenserfahrung losgelöste Lebenshilfe geben. "... Glaube ist ... nicht ohne weiteres mitvernehmbar, wenn menschliches Leben ausgelegt wird, ohne daß er durch Worte ausgesprochen oder in einem Tun eindeutig wird. Glaubensauslegung sollte

inmitten der Auslegung des Lebens, eins durch das andere ... gelingen".[181]
Angepeilt ist damit nicht ein Frage-Antwort-Verhältnis zwischen Situation
und christlicher Botschaft, sondern das Verhältnis eines wechselseitigen
Lernens, einer *wechselseitigen Erschließung*:

> Jeremias Gotthelf läßt in seiner Geschichte Anne Bäbi den Erzähler von zwei
> Büchern sprechen, die Gott den Menschen gegeben habe: dem Buch der Bibel
> und dem Buch des Lebens; "... ein Buch wirft Licht auf das andere Buch,
> beide strömen Leben sich zu und halbdunkel wenigstens bleibt ein Buch ohne
> das andere Buch. Ein Mensch, der nur in einem der Bücher lesen kann, ist
> gleichsam nur ein halber Mensch ... Kann er nur lesen in der alten, lieben
> Bibel, so kommt er wohl zur Erkenntnis dessen, was gewesen ist, aber nicht
> dessen, was ist ... Wer aber nur im Leben lesen kann, liest und liest und
> kömmt nie zum Verständnis, findet Satz um Satz, aber nie deren Sinn ... Aber
> eben das ist das Unglück, daß die meisten nur in einem lesen, die einen in
> diesem, die anderen in jenem, und meinen doch, sie lesen alles, was zu lesen
> sei... "[182]

Nicht nur können heutige Erfahrungen vom Glauben her eine Deutung
erfahren, sondern auch durch aktuelle Herausforderungen kann christliche
Wahrheit zur Sprache kommen, erkannt und bekannt werden. Das graphi-
sche Modell dieses Zusammenhangs ist die Spiralbewegung zwischen
christlicher Wahrheit und Situation.

Doch wie kann das geschehen? Wir wollen im folgenden drei Möglichkeiten diskutieren, wie Glaubensauslegung in der EB Ereignis werden
kann. Diese systematisch-analytische Fragestellung ist kein Selbstzweck,
sondern soll die Kompetenz im Umgang mit biblischen und theologischen
Inhalten in der EB verbessern und auch im Hinblick auf die Vermittlung
von Lebenssituation und Evangelium bei den Kasualien gelesen werden.

---

[181] Grundsätze der Bildungskammer, 19f.
[182] Kritische Gesamtausgabe 1911, Band VI, 63ff.

2.2.3.1 Die implizite Verweisung

In dem Heft "Arbeiterbildung: Kirchliche Bildungsangebote für Arbeiter und ihre Familien in Kirchengemeinden"[183] wird von einem Projekt berichtet, mit und für Konfirmandeneltern einer Arbeiter-Gemeinde kirchliche Bildungsarbeit auf den Weg zu bringen. Die dokumentierten Veranstaltungen kreisen thematisch um das Miteinander in der Familie. Sie lassen nicht erkennen, daß die behandelten Lebensfragen in irgendeiner Weise ausdrücklich mit Glaubensfragen in Beziehung gesetzt wurden. Solche und ähnliche Arbeitshilfen geben die Frage auf, ob diese Projekte unter das Verdikt der Grundsätze fallen, "im Grunde theologisch nicht verantwortbar" nur Lebenshilfe bieten wollen, oder ob es auch eine implizite Glaubensauslegung in der EB geben kann, also ein in säkularen Inhalten und Methoden aufscheinendes Zeugnis des Evangeliums.

Die Veranstalter aus dem Rheinland würden darauf hinweisen, daß der kirchliche Rahmen der Veranstaltung, die kirchlichen Mitarbeiter, die Beziehung zur Konfirmandenzeit das Bildungsgeschehen in bestimmter Weise qualifizieren - und sei es als Pflege oder Herstellung einer Beziehungsebene, ohne die inhaltliche theologische Fragen nicht sinnvoll angegangen werden können. Und in der Tat notiert der sehr ehrliche, Mißerfolge nicht verschweigende Bericht, daß "die Teilnehmer zu einer positiveren Einstellung gegenüber der Kirche und ihren Mitarbeitern" fanden. Bildungsarbeit ist schließlich "ein Tun im Ganzen", "Motivation und Institution, Inhalte und Verfahren ... umschließend".[184] Eine ganzheitliche, den Rahmen der Veranstaltung einbeziehende Sicht kann durchaus starke Argumente für ein mögliches implizites Glaubenszeugnis liefern. Viele Mißverständnisse über das "evangelische Proprium" der Bildung in kirchlicher Trägerschaft kommen daher, daß einmal auf die Inhalte geblickt wird und ein andermal eine ganzheitliche, Begegnungen und Methoden einschließende Sicht vorherrscht.

Freilich kann der Hinweis auf den Rahmen und den Kontext, in dem Lebensfragen behandelt werden, schwammig sein. Ich denke, daß er sich

---

183 Hg. Evangelisches Erwachsenenbildungswerk Nordrhein und Rheinland-Süd eV. o.J.

184 Grundsätze 20.

Argumenten auf drei Ebenen stellen muß, um weiter diskussionswürdig zu bleiben:

1. Die These vom impliziten Glaubenszeugnis bei der Bearbeitung von Lebensfragen lädt zu Mißverständnissen ein, wenn man nicht berücksichtigt, daß ein in einem bestimmten Wahrnehmungshorizont signifikantes Handeln oder Reden in einem anderen Wahrnehmungshorizont eine ganz andere Botschaft hinterläßt. Während die Teilnehmer womöglich die Nähe von Kirche, ja Evangelium erleben, wenn sie bei der Bearbeitung persönlicher Lebensfragen begleitet werden, nimmt ein außenstehender Leser des Veranstaltungsprogramms womöglich wahr, daß die Kirche "nur" Lebenshilfe, Psychologie oder Politik betreibt. Je nach Standpunkt kann dann die EB "außen" in dem Maße Distanz, ja Ärger provozieren, wie sie von den Teilnehmer(innen) als hilfreich und klärend empfunden wird. Zielgruppenorientierte Arbeit in einer Volkskirche, die unterschiedlichen Gruppen Heimat sein will, steht hier vor einem ernsten Problem. Das paulinische Bild vom Leib Christi (1. Korinther 12, 12ff.) stellt vor die Aufgabe, für die Verständlichkeit des eigenen Handelns auch in einem anderen Wahrnehmungshorizont Verantwortung zu übernehmen. Im Bild: Die Hand, der nicht verständlich ist, was der Fuß tut, soll dies auch als sinnvolles Tun des ganzen Leibes begreifen.

2. EB muß als "kirchlich" erkennbar sein. Das ist nicht nur ein Interesse der Amtskirche und der Synodalen, sondern, womöglich in einem stärkeren Maße als angenommen, auch von Kirchenmitgliedern insgesamt. Die zweite Kirchenmitgliedschaftsuntersuchung enthält wichtige Anregungen für unsere Fragestellung. So vermerkt der Kommentar der Studie bei den Kirchenmitgliedern ein ausgesprochenes Interesse daran, daß "Kirche ihre Identität als Kirche wahren"[185] soll. Die Studie läßt zwar keinen Zweifel, daß diese Identität der Kirche in der Sicht der Mehrheit der Kirchenmitglieder nicht unbedingt dem entspricht, wie Kirche selbst ihre Identität

---

[185] Was wird aus der Kirche?, Gütersloh 1984, 26. Vgl. auch: Das Kirchen- und Religionsverständnis von Katholiken und Protestanten. Eine Repräsentativbefragung im Auftrag der Redaktion Kirche und Leben des ZDF, München 1988, 83: "Ist von Gott die Rede, werden viele weghören. Ist vom Menschen die Rede, werden auch Kirchendistanzierte ein Gesprächsangebot aufgreifen ... Doch das ist nur ein Aspekt. Die Identität der Kirche ist vorrangig nicht durch religiöse Rollenträger ... gewährleistet, sondern durch die Gottesfrage. Sind die Kirchen kein Ansprech-

definieren würde; in jedem Fall aber gibt dieses Ergebnis zu denken, daß die Kirchenmitglieder der Kirche nicht für jedes und alles Kompetenz zuweisen. Mit unserer Frage nach der impliziten Glaubensauslegung lassen sich möglicherweise Überlegungen der Studie in Verbindung bringen, die die Erwartungen an den Pfarrer betreffen. Die Spannung zwischen der ausgesprochenen Hochschätzung des Pfarrers und der Unbestimmtheit des eigenen Verhältnisses zur Kirche wird mit der Funktionsteilung in unserer Gesellschaft zu erklären versucht: "Von ihnen (den Pfarrern) erwarten die 'Laien' deshalb auch Entschiedenheit und Bestimmtheit - und fühlen sich eben dadurch von der Notwendigkeit einer ähnlichen Festlegung entlastet."[186] Man könnte nun daraus schließen, daß es analog von seiten der Kirchenmitglieder auch eine Erwartung an eine kirchliche Signifikanz von EB gibt bzw. eine Irritation, wenn diese nicht aufscheint. Natürlich bedeutet dies nicht, daß nur kirchliche Themen in der EB Teilnehmer anziehen - ganz und gar nicht! Aber Teilnehmer hätten dann in jedem Fall ein Interesse, die kirchliche Identität des Erwachsenenbildners und der Veranstaltung auch wahrzunehmen, unabhängig davon, wieweit sie selbst eine solche für sich persönlich übernehmen möchten. Gerade dies ist Zeichen einer pluralen Gesellschaft.

3. Die bisherigen Überlegungen befaßten sich mit den kommunikativen Schwierigkeiten, denen man sich stellen muß, wo die christliche Wahrheit implizit zur Erscheinung gebracht werden soll. In dem Kommunikationsproblem verbirgt sich aber eine theologische Frage. Ihr kommt man auf die Spur, wenn man fragt, inwiefern auch säkular verstehbares und deutbares Geschehen das Evangelium repräsentieren könne, inwiefern es "Gleichnis" sein könne. Der Hinweis auf bestimmte allgemeine inhaltliche Merkmale, etwa befreiend, liebend usw., ist notwendig, aber nicht hinreichend, wenn Lebenshilfe Glaubenshilfe enthalten soll. Entscheidend dürfte sein, daß solche Lebenshilfe in einem Zusammenhang steht, der das Implizierte erkennbar machen kann; wichtig ist also, daß sie vernetzt ist mit dem, was Glaubenshilfe bewirken kann. Im Johannesevangelium werden die Wunder Jesu "Zeichen" genannt, das heißt, sie enthalten - wenn man so will -

---

partner der Rede von Gott, verlieren sie auch für den Kirchendistanzierten das, was sie von anderen gesellschaftlichen Gruppen unterscheidet".

186 Was wird aus der Kirche?, 42.

implizit das Evangelium. Diese Wunder aber können als Mirakel und Selbstzweck mißverstanden werden. Signifikant werden sie durch den erkennbaren, wenn auch nicht immer erkannten Bezug auf den Täter der Wunder und seine Worte.

In diesem Sinne ist es wichtig, daß in der EB die "Lebenshilfe" in irgendeiner Weise erkennbar in Beziehung steht zu dem, was "Glaubenshilfe" bewirken kann. In unserem Beispiel aus dem Heft Arbeiterbildung wird aus einem bestimmten "Anlaß" (s. u. 3.1) Kirche relevant. Die Kirche "nutzt" eine Lebenssituation, in der Menschen ihrerseits die Kirche "nutzen". Was den evangelischen Charakter der EB sichert, ist die von den Teilnehmern wahrnehmbare (ob und wie sie sie wahrnehmen, obliegt ihrer Verantwortung!) und das, was der Fall ist, transzendierende Geste der Verweisung auf Gott, auf Christus. Dabei wäre es fatal, würde vorschnell reduktionistisch festgelegt, was zu Recht verweisenden Charakter haben kann. Damit ist bereits ein Verhältnis zwischen Lebenshilfe und Glaubenshilfe, zwischen biblisch-theologischen und "säkularen" Inhalten im Blick, bei dem beide in einem ausdrücklichen Verhältnis zueinander stehen.

2.2.3.2 Biblisches als Beispiel

In vielen Materialien der EB werden biblische Geschichten und kirchlich-theologische Inhalte zur Geltung gebracht, indem sie als Beispiel in durchaus auch ohne Religiöses vorstellbaren Lernschritten verwendet werden. Was zum Thema Leistung, Frieden, Konflikte dringlich oder hilfreich ist oder scheint, wird auch durch biblische Beispiele belegt. Verwandt ist dieser Gebrauch der Verwendung biblisch-theologischer Inhalte in bestimmten Formen problemorientierten Religionsunterrichts.

Unter dem Stichwort "Funktionalisierung der Lerninhalte" hat im Bereich der Religionspädagogik z.B. Halbfas[187] sehr grundsätzlich und sehr heftig gegen eine solche problemorientierte Verwendung biblischer Texte Front gemacht. Halbfas glaubt hier ein reduktionistisches Denken am Werk, das

---

187 Das dritte Auge. Religionsdidaktische Anstöße, Düsseldorf 1982, 20ff.

komplexe und subtile Inhalte nicht mehr wahrnehmen kann: "Unter dem Aspekt des Funktionswertes ist 'Gott' natürlich auch nur ein Popanz, sei er nun repressiv oder emanzipatorisch, denn jede Funktionalisierung eines Inhalts bedeutet auch dessen Instrumentalisierung". Die Gefahren der Sinnreduktion und der Funktionalisierung sind bei Unternehmungen in der EB natürlich auch gegeben. Ein biblischer Text wird "benutzt" und kommt dann in einer Einheit über Konflikte, Frieden, Leistung lediglich unter einer engen Fragestellung in den Blick. Gerade bei einer ethischen Funktionalisierung wird biblischen Texten oft eine Eindeutigkeit unterstellt, die sie von sich aus nicht haben. Sie werden dann nur zur Bestätigung einer schon anderswoher bekannten These oder einer so und so schon bestehenden Motivation verwendet.

Diese Kritik an einem "beispielhaften" Gebrauch biblischer oder theologischer Inhalte in der EB steht aber ihrerseits in der Gefahr, zu äußerlich zu bleiben, das heißt, sich von den technischen und formalen Begriffen problemorientierter Pädagogik verführen zu lassen, diese für die Sache selbst zu nehmen. Die Teilnehmer können es auch hier anders erleben! Chancen und Gefahren eines beispielhaften Umgangs mit biblisch-theologischer Tradition mag an folgendem Beispiel verdeutlicht werden:

> Bei einer Fortbildungsveranstaltung mit Klinikmitarbeitern wird die Spannung zwischen Routine, auf der Station üblichen Handlungsabläufen (vom Visitenritual und vom Wecken und Waschen der Patienten bis zu den Untersuchungen) und dem Achten auf die persönlichen Bedürfnisse des Patienten bearbeitet. In der Theorie der Krankenpflege will die sogenannte Pflegeplanung den gedankenlosen, schematischen Handlungsabläufen entgegenwirken und zur Beobachtung der Eigenart des zu Pflegenden anhalten. In diesem Zusammenhang läßt sich das Gleichnis vom Barmherzigen Samariter als Beispiel heranziehen. Es kann darauf hingewiesen werden, daß es auch darstellt, wie sich Menschen in ihrer "Routine" stören lassen bzw. nicht stören lassen: "Es traf sich aber, daß ein Priester diese Straße hinabzog; und als er ihn sah, ging er vorüber. Ebenso kam ein Levit zu der Stelle; und als er ihn sah, ging er vorüber." Durch die zweimalige Wiederholung derselben Tätigkeitsworte "sehen - vorübergehen" schildert die Geschichte beinahe auch so etwas wie einen festliegenden Handlungsablauf. Immer wieder hat man das Vorübergehen von Priester und Levit als persönliche Nachlässigkeit oder gar Bosheit verstanden. Im Kontext von Erfahrungen der Berufsroutine kommen andere Gedanken: Wie, wenn die Routine, in der Priester und Levit stehen, dieses Verhalten einfach nahelegt? Vielleicht dürfen sich Priester und Levit als Tempelangestellte an fremdem Blut oder gar womöglich an einem Toten nicht verunreinigen? Nach einem

solchen Gesetz (3. Mose 21, 1) scheinen sie zu funktionieren, scheinen sie abzulaufen. So verdichten sich in dieser Geschichte kritische Anfragen an ein Handeln, das nach einem Schema abläuft und dabei die konkreten Bedürfnisse von Menschen übersieht. Bliebe es bei diesen kritischen Anfragen, wäre die Auslegung der neutestamentlichen Geschichte jedoch nicht auf der Höhe der "säkularen Lernziele"! Spontaneität und Planung, eine Ethik der Barmherzigkeit und eine Ethik der Ordnung stünden unversöhnt gegenüber. Betrachtet man das Gleichnis genauer, so entdeckt man, daß die Entgegensetzung von Planung und Barmherzigkeit in die Geschichte hineingelesen wird. Der Barmherzige Samariter läßt sich zwar auf seinem Weg stören und unterbrechen, aber er ist zugleich ein ausgesprochen planender Mensch. Er gibt seinen eigenen Weg nicht gänzlich auf, sondern organisiert Mithelfer, indem er den Wirt in die "Pflegeaktion" einspannt. Gleichwohl behält er sich eine Gesamtverantwortung vor, möchte kontrollieren, ob die Arbeit auch gut ausgeführt wird. So ist die neue Alternative nicht mehr: schematische Arbeit gegenüber spontanem Handeln, sondern an Bedürfnissen vorbeigeplante oder die Bedürfnisse einplanende Handlungsroutine.[188]

In dieser Auslegung wird die biblische Geschichte dem - auch ohne dieses Beispiel - erreichbaren Ziel, Krankenpflegekräfte zur planenden Pflege zu motivieren, untergeordnet. Kein Zweifel - der beispielhafte Gebrauch blendet vieles in der Geschichte ab: Unberücksichtigt ist die bekannte, Erfahrung eröffnende Umkehrung der Frage "Wer ist mein Nächster?" in "Wem bin ich der Nächste?" Abgeblendet ist ferner jeder Ansatz zu einer christologischen Deutung der Geschichte. Auf der anderen Seite wird das Gleichnis für eine bestimmte, sehr spezifische Situation anschaulich, nachdem es vorher schon von dieser Situation her angesehen und gelesen wurde. Der Horizont des säkularen Problems kann für den Teilnehmer eine neue Erfahrung mit einem biblischen Text bedeuten, eine überraschende Nähe der alten Geschichte, wie umgekehrt die weltliche Situation in dem Text einen neuen Sinn erschließt, ihn relevant macht. Stimmt es, daß eine Mehrzahl der Kirchenmitglieder biblische Texte und theologische Inhalte mit dem Vorurteil, belanglos zu sein, versieht, wird man den Sinn problemorientierten Umgangs mit theologischer Tradition in der Erwachsenenbildung nicht leugnen dürfen. Will dieser Umgang doch den

---

188 Vgl. M. Nüchtern, Probleme der Krankenpflege im Spiegel biblischer Geschichten. Deutsche Krankenpflegezeitschrift 1985, 524; ders., Die Lebenskrise Krankheit im Spiegel biblischer Erfahrungen, Konstanz 1989, 39ff.

Das wäre ein ... für propädeutisches ... ?

"Belang", die "Verwertbarkeit" solcher Inhalte für den Lebensalltag aufweisen.[189]

Das theologische Problem des beispielhaften Gebrauchs der biblisch-theologischen Überlieferung bleibt die Gefahr des Reduktionismus. Ihr ist nicht zu begegnen durch eine Preisgabe situativer Zuspitzung, sondern durch ein didaktisches Arrangement, das den Bedeutungs- und Sinnüber- schuß der biblischen Geschichte nicht verdeckt. Es muß für die Teilnehmer Raum und Zeit sein, daß sich der Mehrsinn biblischer Geschichten, ihr offener Charakter entfalten kann. Dann ist es möglich, daß die Teilnehmer die Geschichte nicht mehr nur als Beispiel für ein kognitives Lernziel zur Kenntnis nehmen, sondern als etwas empfinden, das ihnen hilft, Lebens- situationen zu bestehen (vgl. u. 3.2). Damit sind wir unmittelbar bei einem Umgang mit biblisch-theologischer Überlieferung, den ich im Gegensatz zu "beispielhaft" "bildhaft"[190] nennen möchte.

2.2.3.3 Lebens-Bilder aus der Bibel

Zahlreiche, gerade auch neuere Materialien der EB zeigen, daß biblische Geschichten eine Nähe zu Lebenserfahrungen gewinnen und Lebenshilfe bieten können, wenn der umgekehrte Weg eingeschlagen wird: Man geht nicht von bestimmten Lebens- und Sachproblemen aus, zu denen sie als Beispiele herangezogen werden, sondern in den Geschichten selbst soll eine Tiefendimension erschlossen werden, die sie für Lebenssituationen transparent macht. Das Fremde, der Text ist nicht Beispiel für das gewußte Eigene, sondern im Fremden werden eigene Erfahrungen und Perspektiven erst bewußt. Die Geschichte erschließt, bringt etwas zutage, was so vorher nicht da war, und es sind doch gleichzeitig die Erfahrungen der Lebens- geschichte, die den neuen Sinn der Bibelgeschichte aufschließen. Die Spiralbewegung wechselseitiger Erschließung schimmert auch hier durch.

---

189 Umfrageergebnisse zeigen deutlich, wie nötig es ist, den Lebensbezug christlicher Überlieferungen darzustellen: Feige, Erfahrungen mit Kirche, Hannover, bes. 94ff.

190 Vgl. dazu auch M. Nüchtern, Bild und Beispiel. Zur Funktion des Erzählens in der Predigt, PTh 70, 1981, 135ff.

Biblische Texte sind dann nicht mehr Beispiele, sondern Bilder, die aus einem bestimmten Anlaß etwas zu denken, zu erleben, zu hoffen und zu handeln geben, was den Anlaß transzendiert.

Methodisch kann sich dieser Ansatz, Bibel und Theologie in der Erwachsenenbildung zur Geltung zu bringen, in sehr unterschiedlichen Formen zeigen - je nachdem, welches Gewicht auch affektive Lernziele haben: von eher meditativen Formen bis zum Bibliodrama, von traditionellen, assoziativen Weisen, einen biblischen Text verbal auf die eigene Situation zu beziehen, bis hin zu neueren kreativen Wegen des Malens und Gestaltens. Als einfaches Beispiel für diese Art, mit biblisch-theologischen Inhalten umzugehen, sei die Arbeit mit der sogenannten "Vierstufentechnik", deren Vorfahren in mittelalterlicher Theologie und Mystik[191] gesucht werden können, aus einer Arbeitshilfe "Begegnung mit Jesus" genannt.[192]

> Der Text (Markus 2, 13-17) wird nacheinander zwei- oder dreimal von verschiedenen Sprechern langsam vorgelesen. Dann die Bitte an die Teilnehmer, sich zu äußern: 1. Was sie registriert haben, wörtlich oder sinngemäß, 2. welche Gefühle sich beim Hören eingestellt haben. 3. welche Einfälle, Assoziationen ihnen gekommen sind, 4. welches Urteil sich jeder gebildet hat. Es ist wichtig, daß der Verantwortliche die Teilnehmeräußerungen ganz oder in Stichworten aufschreibt. Ferner soll darauf geachtet werden, daß die vier Stufen nacheinander bearbeitet werden. Alle Äußerungen werden notiert; sie dürfen nicht schon beim Nennen von anderen bewertet werden.

Erfahrungen mit dieser Methode zeigen, daß sich in biblisch-theologischen Materialien, für die Teilnehmer oft überraschend, vielfältige Lebensbezüge ergeben, auch im Sinn eines Beispiels. EB kann hier Erfahrungen aus der Pastoralpsychologie bestätigen: "Sinn wird dann erfahren, wenn meine Geschichte sich aufheben läßt in eine Geschichte von allgemeiner Bedeutung, die ich mit anderen in einer Symbolgemeinschaft teilen kann."[193] Die biblische Geschichte macht die eigene Erfahrung sowohl gegenständlich als auch kommunikabel. Was Erwachsenenbildung hier leistet, läßt sich, einen Satz von Max Frisch variierend, so zusammenfassen: Menschen

---

[191] Zu denken wäre an den vierfachen Schriftsinn; vgl. Halbfas, Das dritte Auge, 225ff.

[192] J. Bauer/M. Nüchtern, Der Gott, dem ich vertraue, Konstanz 1985.

[193] J. Scharfenberg, Einführung in die Pastoralpsychologie, Göttingen 1985, 73.

haben Erfahrungen gemacht und suchen und bekommen eine Geschichte zu ihrer Erfahrung.[194]

Problemlos ist freilich auch dieser Gebrauch biblisch-theologischer Inhalte in der EB nicht. Zwei Anfragen sollen an diesen Ansatz formuliert werden: 1. Tritt dieser Ansatz ausschließlich mit Methoden verbunden auf, die von der Selbsterfahrungsbewegung herkommen, so sind die Konsequenzen solcher Methoden im Rahmen von Bildungsprozessen zu diskutieren: Kognitives Lernen, distanzierte Auseinandersetzung mit bestimmten Inhalten tritt hinter dem affektiven Lernen zurück. Die Methode kann leicht den Inhalt erdrücken, und aus der Befreiung vom Primat des intellektuellen Verstehens wird ein neues Gefängnis. 2. Dieser Ansatz verlangt in der Regel, unmittelbar mit biblisch-theologischen Materialien einzusteigen. Würde sich kirchliche Erwachsenenbildung darauf beschränken, würde sie ihre mögliche Teilnehmerschaft zweifellos eingrenzen. Die Brücke für die möglichen Teilnehmer, sich an EB-Angeboten zu beteiligen, kann sehr schmal werden. Sinnvoll ist es also, solch einen Umgang mit biblischen Texten in der EB in ein Arrangement einzubetten, das auch die Erörterung von Sachfragen verspricht.[195]

Daß das "Buch des Lebens" und das "Buch der Bibel" sich wechselseitig erhellen, ist die Aufgabe in der evangelischen Erwachsenenbildung. Angeregt durch die "Grundsätze" versuchten wir, die Möglichkeiten zu diskutieren, wie Glaube und Lebenserfahrung in der EB sich wechselseitig erhellen können.

Die drei behandelten Wege haben unterschiedliche Stärken und Grenzen. Es zeigte sich aber auch, daß die idealtypisch erhobenen Verwendungsweisen biblischer und theologischer Inhalte ineinander übergehen, ja ineinander übergehen müssen, will man Einseitigkeiten vermeiden. Deshalb dürfen Veranstaltungen nicht verhindern wollen, daß die Teilnehmer Inhalte und Medien *anders* wahrnehmen, als es die Lernzielplanung am grünen Tisch gewollt hat. Es ist die List des Bibelbuches, daß es sich seine

---

194 Mein Name sei Gantenbein, Fischer TB 1971, 6.

195 Zur Kritik an der Dominanz nichtkognitiver Ansätze in der EB: A. Gilles, Pädagogische Anmerkungen zur theologischen Erwachsenenbildung: EB 30, 1984, 195ff.

Bedeutsamkeit selbst und auch entgegen didaktischer Planung schaffen kann. Das, was gedeutet werden soll, ist allen Deutungen voraus.

2.3 Zwischenbilanz

Unsere Betrachtung nichtparochialer Arbeitsfelder war kein Selbstzweck, sondern veranlaßt durch die Frage, ob sich hier ein anderer und produktiver Umgang mit den bei den Kasualien in der Gemeinde erhobenen Spannungserfahrungen zeigt. Die Entwicklung von Grundlinien einer neuen Kasualpraxis auf Grund von Erfahrungen von Akademiearbeit und Erwachsenenbildung - einschließlich praktischer Anregungen - sollte in diesem Zusammenhang nicht geleistet werden. Wir wollen thesenartig noch einmal die Herausforderungen formulieren, die sich stellen, wenn man die Kasualpraxis in der Gemeinde durch Akademiearbeit und EB beleuchtet:

1. In Akademiearbeit und EB ereignet sich Versöhnung der Kirche mit fristigem Teilnehmerverhalten und mit ihrer Nutzung für nicht ohne weiteres kirchliche Zwecke. Die Praxis von Akademiearbeit und EB zeigt, daß dies keineswegs eine Beschränkung, sondern eher eine Erweiterung für die Relevanz der Botschaft des Evangeliums bedeutet.

2. Akademie und EB lassen sich sozusagen als die Institution gewordene These begreifen, daß zur Botschaft des Evangeliums "die Erfassung der Lebenswirklichkeit der Menschen" gehört. Die These der wechselseitigen Erschließung von Lebenssituation und christlicher Wahrheit fordert die Kasualpraxis heraus, die lebensgeschichtliche Situation als Schlüssel für die Relevanz der Botschaft des Evangeliums zu nutzen. Es schlössen dann die lebensgeschichtlichen Erfahrungen die Geschichten und Symbole der Amtshandlungspraxis auf wie umgekehrt die Geschichten und Symbole der Amtshandlungspraxis Sinn und Aufgaben der lebensgeschichtlichen Situationen.

3. Vor allem die Erwachsenenbildung liefert der Kasualpraxis eine Perspektive, die bei den Betroffenen als Subjekten einsetzt, die sich in einer Lebenssituation orientieren und vergewissern wollen. Wie ein EB-

oder Akademietagungsprojekt hätte die Kasualpraxis dann das formale
Ziel, diese "Gelegenheit" verantwortlich zu gestalten.

3 Grundmuster kasueller Theologie

"Kirche bei Gelegenheit" hat ihre Orte: "Zelte des Nachdenkens", Agenturen, Ambulanzen, die eingerichtet sind, damit sich in ihnen aktuelle Probleme und Lebensfragen mit christlicher Tradition begegnen können. Einige dieser Orte wurden im vergangenen Kapitel in ihrer Gestalt und in ihren Möglichkeiten vermessen. Andere Orte mit anderen Möglichkeiten sollen nochmals genannt werden: die Krankenhausseelsorge, diakonische Arbeitszweige, der Deutsche Evangelische Kirchentag[196] u.a. Sie wären einer eingehenden Untersuchung wert, die hier nicht erfolgen kann.

"Kirche bei Gelegenheit" entsteht, wenn sich Kirche durch die Lebenswelt herausfordern läßt und den christlichen Glauben als Orientierung und Vergewisserung in konkrete Lebenssituationen einbringt. Orientierung meint eher eine verstandesmäßige und auf Handeln und Veränderung bezogene Wirkweise, Vergewisserung eher eine emotionale und stabilisierende. Obwohl die Theorie sehr schön zwischen beiden Wirkweisen zu unterscheiden vermag, sind in der Praxis Orientierung und Vergewisserung eng miteinander verknüpft. Was vergewissert, orientiert auch, und was orientiert, vergewissert.

Weil es viele Gelegenheiten gibt, zielt die Parole "Kirche bei Gelegenheit" auf eine bunte, farbige Gestalt der Kirche. Diese Buntheit deutet nicht auf Konturlosigkeit hin, sondern beweist die Lebendigkeit der Kirche. Dennoch muß gerade auch sie theologisch reflektiert werden.

Was in diesem letzten Abschnitt noch angedeutet werden soll, ist die Aufgabe, die elementaren Grundmuster einer "kasuellen Theologie" zu skizzieren, d. h. Verständigungswege vorzuschlagen, wie das kasuelle Handeln der Kirche theologisch zu verantworten ist. Theologie dient der Selbstverständigung der Kirche über ihre Praxis. Sie verantwortet die Identität des unterschiedlichen kirchlichen Redens und Handelns im Wechsel der Gelegenheiten und Zeiten. In diesem Sinn geht es in einer kasuellen Theologie darum, daß das kasuelle kirchliche Reden und Handeln auf die ganze christliche Wahrheit verweisen kann. Wir beginnen

---

196 Dazu C. Bäumler, Der Kirchentag als Element einer offenen Volkskirche: ThPr (1979), 94ff.

109

mit einer eher formalen Beschreibung des Vorgehens von "Kirche bei Gelegenheit" (3.1) und versuchen dann, die Bewegung wechselseitiger Erschließung von Glauben und Lebenssituationen trinitarisch zu beschreiben (3.2).

3.1 Anlässe

Vielfach wird in christlicher Theologie die These vertreten, Texte der biblischen Tradition seien für die Gegenwart zu aktualisieren. Der "Sitz im Leben" dieser theologischen Hermeneutik ist sicher die Predigtsituation des Pfarrers. Am Anfang steht der fremde Bibeltext, und der jeweils vorgeschriebene Text soll so ausgelegt werden, daß er Menschen der Gegenwart angeht, motiviert und orientiert. Der alte Text wird auf die Gegenwart appliziert. Die so schriftauslegende Kirche befindet sich zunächst in der Distanz zur Gegenwart und geht mit dem Wort der Schrift auf die Gegenwart zu. Der Abstand zwischen Kanzel und hörender Gemeinde bildet dieses Modell treffend ab.

Entspringt dieses theologische Muster der schriftauslegenden Predigt im stetigen Gottesdienst, so muß eine "kasuelle Theologie", deren "Sitz im Leben" gerade nicht der Gottesdienst nach Kirchenjahr und Perikopenordnung ist, ein ganz anderes, letztlich umgekehrtes Muster verantworten: Basis ist hier die jeweilige Gegenwart, die Betroffenheit und teilnehmende Betrachtung von dem, was "der Fall ist".

Im theologischen Entwurf Dietrich Ritschls[197] finde ich klärende Begriffe, die das hier gesuchte andere Vorgehen kennzeichnen. In seiner "Sichtung des Gegenstandsfeldes der Theologie" betont Ritschl: Es sei in der Regel nicht so, daß Aussagen der Bibel direkt auf die Gläubigen einwirken und unmittelbar umgesetzt werden könnten. "Der Normalfall ist vielmehr, daß sich in einer bestimmten Situation die Gläubigen aus den latent bewußten und gekannten Traditionsbündeln der Bibel zu einer bestimmten Selektion gedrängt wissen und etwas erinnern, das ihnen ohne diesen 'Anlaß' nicht

---

[197] Zur Logik der Theologie, München 1984, Zitate 106f; 134ff.

wichtig geworden wäre. 'Anlässe' führen zum 'Wiedererkennen' von Traditionselementen, die im Gedächtnis der Kirche ruhten."

Führen wir diese These aus, so müssen wir sagen: Anlässe wirken sozusagen wie Angelhaken, die aus dem See der Tradition die nährenden Lebensmittel fischen. In einem anderen Bild gesagt, ist der Anlaß die Brille, die in der Tradition etwas der gegenwärtigen Situation Ähnliches, Vergleichbares, sie Klärendes und Vergewisserndes wahrnehmen läßt. Anlässe sind der Schlüssel, der Tradition bewußt macht und ihren Sinn öffnet. Dabei geht es sicher nicht nur um einzelne, sonst unbewußte Traditionselemente, sondern auch um den ohne den bestimmten Anlaß unerkannten spezifischen Sinn *eines* Traditionselementes, wie z. B. Taufritus und Segen.

Ritschl bezeichnet den Prozeß, in dem durch einen Anlaß sonst nur latente Tradition genutzt wird, als "Wiedererkennen": "Mit dem Begriff Wiedererkennen ist der Vorgang der induktiven Erkenntnis gemeint, mit der ein gegenwärtiges Problemfeld oder eine Aufgabe mit latent im Gedächtnis der Kirche liegenden Elementen verbunden wird".

Ich halte diese Theorie von "Anlaß und Wiedererkennen", die Tradition bewußtmacht und aufschließt, für treffender und ergiebiger als die Verwendung von Begriffen wie "Frage und Antwort".[198] a) Denn so ist berücksichtigt, daß die Situation nicht nur eine einzelne, womöglich noch bloß kognitive Herausforderung enthält, sondern ein ganzes Ensemble von Gegebenheiten und Erfahrungen. Der Begriff Anlaß macht deutlich, daß es in der Regel keine klar gestellten Fragen sind, die die Tradition aufschließen, sondern Spannungserfahrungen in Lebenssituationen. b) Der Begriff Anlaß wird dem Umstand gerecht, daß das Aufschließen der Tradition kein theoretisches, aus der Distanz mögliches Geschäft ist. Das "Wiedererkennen" setzt eine Beteiligung an der herausfordernden Lebenssituation voraus. Wer Lebendiges erkennen will, muß sich am

---

198 Vgl. P. Tillich, Systematische Theologie, Band I, Stuttgart 1956, 76: Die systematische Theologie "gibt eine Analyse der menschlichen Situation, aus der die existentiellen Fragen hervorgehen, und sie zeigt, daß die Symbole der christlichen Botschaft die Antwort auf diese Fragen sind." Man darf dieses Frage-Antwort-Modell aber gerade bei Tillich nicht zu technisch verstehen. "Es besteht eine gegenseitige Abhängigkeit von Frage und Antwort" (78).

Leben beteiligen.[199] c) Vor allem macht der Begriff "Anlaß" das Produktive der Lebenssituation deutlich. Der Anlaß gibt und schenkt etwas.

Ein schönes biblisches Beispiel für das Lernen aus einem bestimmten Anlaß findet sich in Apostelgeschichte 10. Petrus hat sich auf den Weg zum römischen Hauptmann Kornelius gemacht. Als der Römer von Petrus das Wort Gottes erfahren und hören will, beginnt Petrus seine Rede mit dem Geständnis, er selbst habe gelernt: "Nun erfahre ich in Wahrheit, daß Gott die Person nicht ansieht, sondern in jeglichem Volke, wer ihn fürchtet und Recht tut, der ist ihm angenehm." (V. 34) Es ist ein bestimmter Anlaß, die Teilnahme an einer Lebenssituation, durch die Petrus die biblische Wahrheit aus 5. Mose 10, 17 und 1. Samuel 16, 7 lernt, daß Gott die Person nicht ansieht. Durch das Wiedererkennen der biblischen Wahrheit im Anlaß begreift er auch den Anlaß neu. So wird hier eine Spiralbewegung zwischen Anlaß und Text beschrieben.

Der erste Schritt beim "Wiedererkennen" führt also nicht in die Schrift, sondern in die Lebenssituation hinein. "Die Aufmerksamkeit richtet sich primär auf heute Gesagtes und Geschehenes. Die Entdeckung des Evangeliums geschieht im Vorgang der Analyse der gegenwärtigen Situation, einer Gegenwartsfrage oder -lage, die ihrerseits auf ihre 'Relevanz' zu dem im Gottesdienst gefeierten und erinnerten Gott befragt wird." Auf Grund dieser "Umkehrung der Frage nach der Relevanz des Evangeliums" kann Ritschl sagen: "Wer anlaßlos lebt, sich der Dynamik und Tragik konkreten Lebens entzieht, der wird die Tradition und die Bibel nicht verstehen, sollte er sie auch noch so intensiv studieren". Dieser Satz ist ebenso provozierend wie z. B. für das 1992 zu begehende Jahr der Bibel beherzigenswert. "Kirche bei Gelegenheit" ist von hier betrachtet die unerläßliche Suche nach Anlässen, ohne die die Bibel stumm bleibt. Sie ist - in welcher institutionellen Gestalt auch immer - eine hermeneutische Notwendigkeit (vgl. o. 2.1.3.1 und 2). Akademietagungen und EB-Veranstaltungen lassen sich als Inszenierung verstehen, die Anlässe unterschiedlicher Art rekonstruieren und so Gelegenheit geben, christliche Wahrheit "wiederzuerkennen" bzw. zu "verifizieren".

Ritschl sieht in der Hermeneutik des Anlasses einen Vorgang, der grundsätzlich und allgemein für die Kirche und ihre Gottesdienste bestimmend

---

199 Frei nach: V. v. Weizsäcker, Der Gestaltkreis, Vorwort zur 1. Auflage, Frankfurt 1973, 3.

ist und bestimmend sein soll. Vor dieser Konsequenz scheue ich zurück, es sei denn, man weicht den Gedanken so sehr auf, daß immer irgendwie ein gegenwärtiger Problemhorizont Auslegung und Aneignung von Tradition prägt. Anlässe mögen das Handeln der Gemeinde in dieser Weise immer bestimmen, bei Kasualien und in Agenturen von "Kirche bei Gelegenheit" hat aber ausdrücklich der Anlaß, die Teilnahme "an der Dynamik und Tragik des konkreten Lebens" den Primat. Der Pfarrer, der einen Kasualgottesdienst vorbereitet, d.h. (hoffentlich) an einer Lebensgeschichte teilnimmt und sich ein Stück weit in diese hineinziehen läßt, erkennt im konkreten Fall ein Element seiner Tradition wieder. Die EB-Gruppe, die eine Lebenssituation bearbeitet, entdeckt, wie in ihr der Bezug zu einer biblischen Geschichte aufscheint.

Man muß von dem grundsätzlichen Primat des Anlasses das didaktische Arrangement unterscheiden. Im Prozeß einer EB-Veranstaltung oder im Kasualgottesdienst kann sehr wohl am Anfang die Bearbeitung einer biblischen Geschichte stehen und in ihr die Lebenssituation gespiegelt werden (s. o. 2.2.3.3). S a c h l i c h vorgängig ist aber auch hier die Situation, der "Anlaß". Der Unterschied zwischen sachlicher Reihenfolge und der Reihenfolge der Präsentation liegt vor allem daran, daß es Ungleichzeitigkeiten beim Wiedererkennen gibt und immer geben wird, weil Menschen unterschiedlich an der "story" der Bibel partizipieren.[200] Der Kasualprediger wird vermutlich den jeweiligen Anlaß in einer biblischen Geschichte eher wiedererkennen als die Gemeinde. Seine Aufgabe ist es dann, zu erkennen zu geben, wie im Anlaß die biblische Geschichte wiedererkannt werden kann, die er selbst schon vorher wiedererkannt hat.

Wichtig für eine "kasuelle Theologie" sind eine dogmatische Beobachtung und eine dogmatische These Ritschls, wenn er im Anlaß Tradition wiedererkennen will. Ritschl vermutet, daß hinter der Praxis, alte Texte für die Gegenwart relevant zu machen, ein Gottesbegriff liegt, "der stark auf die (neuplatonische) Zeitlosigkeit abhebt". Geschichtliche, konkrete Verhältnisse sind diesem Gott grundsätzlich wesensfremd. Allein über die Deduktion aus seiner einmaligen Offenbarung, die im Gehorsam

---

200 Ritschl 293.

angenommen werden muß, kann die Gegenwart in ein Verhältnis zu ihm kommen. Der von Zeit und Geschichte unberührt bleibende Gott, so wird man ergänzen können, führt dann auch zu einer gesetzlich-zwanghaften Farbe der Theologie bzw. des kirchlichen Handelns.

Demgegenüber bezieht sich eine Theologie des Anlasses auf den Christus praesens und den gegenwärtig wirkenden Geist Gottes.[201] Ritschl schreibt: "Der Moment der Wahrnehmung eines 'Anlasses' in der Gegenwart zum 'Wiedererkennen' von Traditionselementen ..., die in den biblischen Schriften oder im Gedächtnis der Kirche ruhen, ist ein Augenblick der 'Offenbarung'. In ihm wird das über eine Situation, eine Thematik oder ein Problem offenbar, das vorher unbekannt und verborgen war. In der Ausdrucksweise klassischer Wort- und Offenbarungstheologie: 'es wird dem Menschen etwas gesagt, was er sich nicht selbst sagen kann'. Die Gläubigen interpretieren den Moment dieser Offenbarung als den Augenblick des Geistes Gottes. Der Geist bestätigt etwas bisher Unbestätigtes, er gibt etwas bisher Unbekanntes bekannt." Indem in der Situation ein Stück der christlichen Wahrheit "wiedererkannt" wird, wird diese für die Beteiligten wahr, wird sie verifiziert und "heimisch" im Leben. Die Gemeinde und der Glaube brauchen Anlässe!

Zur Erkenntnis der Wirklichkeit Gottes in der Welt ist eine Tätigkeit nötig, die Ritschl in seiner Dogmatik im Zusammenhang des ethischen Urteils als "Korrespondenzfrage"[202] bezeichnet. Die Korrespondenzfrage reflektiert und prüft den intuitiv erkannten Zusammenhang zwischen dem gegenwärtigen Anlaß und der christlichen Tradition, zwischen gegenwärtiger Geschichte und biblischer Geschichte. Ritschl nennt folgende Beispiele solchen Wiedererkennens: "... In der Versöhnung zweier Menschen - Christen oder Nichtchristen gleichermaßen - kann ich die Geschichte vom verlorenen Sohn (oder eine andere, ähnliche Geschichte aus dem Alten oder Neuen Testament) wiedererkennen, so wie mich das Erleben von Haß, Neid, Gewinnsucht, Ausbeutung und Folter im totalen Kontrast zur Botschaft des Alten und Neuen Testaments zum Wiedererkennen eben dieser

---

201 Fast könnte man, um das Produktive des Anlasses noch zu unterstreichen, in Analogie zu Ottmar Fuchs, Prophetische Kraft der Jugend, Freiburg 1986, von einer "prophetischen Kraft" von Anlässen für die Kirche sprechen.

202 Logik der Theologie, 294.

114

Botschaft führen kann. Im Leiden und Sterben eines Mitmenschen kann ich Aspekte der Passion und des Todes von Jesus wiedererkennen." Bei den Kasualien betrifft die Korrespondenzfrage den Zusammenhang z.B. zwischen der Lebenskrise und Lebensverheißung, die die Geburt eines Kindes für die Eltern und Angehörigen bedeutet, mit der in der Taufe dargestellten Krise und Verheißung, oder bei der Konfirmation den Zusammenhang zwischen der "Befestigung", die im Lebensalter für Jugendliche und Eltern ansteht, und der Befestigung, die im Gottesdienst sich ereignet und gefeiert wird.

Eine positive Antwort auf die Korrespondenzfrage stellt den Zusammenhang her zwischen aktuellen Anlässen und der Tradition, der Geschichte der Kirche. Auf diese Weise werden gegenwärtige Anlässe in die Geschichte der Kirche integriert. Es findet, wenn man so will, eine "Eingemeindung" statt, weil die christliche Wahrheit in der eigenen Situation - heimisch - erkannt worden ist.

Das Wiedererkennen der christlichen Wahrheit im gegenwärtigen Anlaß ist eine Möglichkeit, aber kein planbares Unternehmen mit sicherem Ausgang. Begriffe, die die Kontingenz des Geschehens betonen, wie "entdecken", "finden" (eines Zusammenhangs zwischen Anlaß und christlicher Wahrheit) sind angemessen, weil sie der Personhaftigkeit des Christus praesens wie des Geistes gerecht werden. *Der induktive Weg verrechnet Gott nicht mit der Wirklichkeit der Welt, wohl aber rechnet er mit der Wirklichkeit Gottes in der Welt.* Der Christus praesens und der gegenwärtige Geist Gottes sind die tiefsten Voraussetzungen von "Kirche bei Gelegenheit". Ihnen ist sie auf der Spur.

3.2 Versuch einer trinitarischen Beschreibung der Beziehung von "Fall" und christlicher Wahrheit

Im Anschluß an Dietrich Ritschl interpretierten wir die theologische Leistung des Anlasses, des Falls. Er erschließt Dimensionen der christlichen Wahrheit. Ritschl selbst machte dabei schon auf bestimmte trinitarische Implikationen aufmerksam. Wir versuchen jetzt von der Seite des christlichen Bekenntnisses her, Lebens- und Problemsituationen zu erfassen. Es geht also jetzt nicht um die Frage, was der Anlaß für das Bekenntnis zu Gott leistet, sondern umgekehrt, wie das Bekenntnis zum dreieinigen Gott den "Fall", die "Fälle" beleuchtet.

3.2.1 Der Gott, der mitgeht

Claus Westermann hat im Alten Testament und im Neuen Testament zwei Grunderfahrungen von Gottes Handeln unterschieden, das segnende und das rettende Handeln Gottes. In seinem Buch "Der Segen in der Bibel und im Handeln der Kirche"[203] will er die eigenständige Bedeutung des segnenden gegenüber einer Verabsolutierung des aus Sünde und Tod rettenden Handelns bewußt machen. Diese Frontstellung Westermanns ist zu beachten. Im Segen bezieht sich Gottes Handeln nicht auf Neuschöpfung und Umkehr, sondern auf Kontinuität, Wachsen, Gedeihen, Erhalten und Wohlergehen. "Der Segen hat es mit dem Menschen in seinem Lebensbogen zu tun, mit dem Geborenwerden und Reifen, mit dem Zusammenkommen von Mann und Frau und der Geburt der Kinder, mit dem Alter und Sterben", man wird ergänzen dürfen: nicht nur mit dem Menschen, sondern auch mit dem Leben und dem Sein aller Werke und Geschöpfe Gottes (Psalm 104). Segnendes Handeln geschieht im Zusammenhang von Gottes Schöpferhandeln, während in der Heilsgeschichte das rettende Handeln erfahren wird. Der Segen bezieht sich auf Erfahrungen, die jeder kennt und jeder gemacht hat - Erfahrungen, die mit der Tatsache des Lebens selbst gegeben sind. Nach Westermann ist Gottes Handeln im Zusammenhang von Segen daher auch ganz anders individuell zugespitzt als im Zusammenhang von Rettung. Bei einer Theologie in lutherischer Tradition, die sich auf Sündenvergebung und Rechtfertigung des einzelnen konzentriert, ist der Mensch als Sünder das Objekt von Gottes rettendem Handeln; beim Segen bin "ich" oder sind "wir" es in unserer ebenso besonderen wie allgemeinen Lebensgeschichte.

---

[203] München 1968, Zitate 110, 112.

*wurde in der Kirche das segn. Handeln der Kirche (nicht Gottes!)
nicht auch auf Fehlgrenzen bezogen*

116

Westermanns Unterscheidung ist in zweifacher Hinsicht wichtig: 1. Die pointierte Herausstellung und Beschreibung von Gottes segnendem Handeln vergrößert die Wahrnehmung einer Theologie, die auf Sündenvergebung und Rechtfertigung konzentriert ist, in Richtung auf den Gott, der in der Lebensgeschichte und in der Geschichte der gesamten Schöpfung mitgeht und erfahrbar ist (Römer 1,19. 20). Indem Westermann von der Bibel her das segnende Handeln Gottes beschreibt, wird von vornherein eine herabsetzende Bezeichnung der Erfahrungen des segnenden Gottes als bloß "natürlicher" Gottesglaube vermieden. 2. Durch die Unterscheidung von segnendem und rettendem Handeln Gottes wird verhindert, daß Erfahrungen voreilig als Gericht oder Gnade, also rettungsgeschichtlich, gedeutet werden. Dies hat erhebliche Konsequenzen für Seelsorge und Ethik: Ohne Wahrnehmung des segnenden Handelns müßte es immer um Schuld und Vergebung, Heil und Unheil gehen. In der Ethik entspricht dem segnenden Handeln Gottes der Erhaltungswille des Schöpfers im "Vorletzten", der Menschen beteiligt und zur Mitwirkung auffordert. "Kirche bei Gelegenheit" ist dem segnenden Gott auf der Spur, wenn sie sich in ihren unterschiedlichen Handlungsfeldern durch die Bedingungen des Mensch- und Weltseins herausfordern läßt.

Mit dem Wort Segen sind jene positiven Erfahrungen gemeint, daß verschlossene Lebenssituationen sich öffnen können und Zukunft sich innerweltlich erschließt. Segen bezieht sich auf die nicht planbare, nicht machbare Offenheit der Lebensgeschichte. Im Wort Segen ist die Erfahrung gespeichert, daß wir über das Gelingen unseres Lebens nicht verfügen können, daß wir es nicht machen können. Segen kommt nicht einfach als Ergebnis planmäßigen Tuns, sondern er stellt sich ein und wird mit Freude erfahren. So erinnert das Wort Segen daran, daß der gegenwärtige Zustand der Dinge nicht endgültig ist. Gleichwohl tritt der Segen Gottes nicht in Konkurrenz zum Tun der Menschen. Er ist nicht unmittelbarer Eingriff von oben. Die Lebensmacht Gottes wirkt vielmehr, indem Menschen und natürlich Vorgänge beteiligt werden am Segen für andere. Es ist wichtig zu sehen, daß durch den Begriff Segen sowohl eine umfassende Nähe zwischen Gott und natürlichen Erfahrungen hergestellt wird als auch auf eine unsichtbare Tiefendimension natürlichen Geschehens verwiesen wird. So bezeichnet das Wort Segen so etwas wie das Geheimnis des Lebens.

Der segnende Gott ist der Gott, zu dem gebetet[204] werden kann, das heißt, auf den man klagend, bittend, lobend die eigene Lebensgeschichte und alles, was der Fall ist, beziehen kann. Die Weite und Vielfalt des Gebets ist die mögliche Weite und Vielfalt von "Kirche bei Gelegenheit". Die "Zelte des Nachdenkens", die Agenturen einer "Kirche bei Gelegenheit" sind deswegen im tiefsten Einladungen zum Gebet. Sie schaffen den Rahmen, daß sich ausgestreckte Hände zum Gebet falten können. Sehr zu Recht leitet daher - so gesehen - F. Ahuis die Kasualien aus der Situation der biblischen Klage des einzelnen in den Psalmen ab. In Akademie- und EB-Veranstaltungen greift das kirchliche Handeln auch auf nichtlebensgeschichtliche "Fälle" aus, die unter dem Gesichtspunkt des segnenden Handelns Gottes gedeutet werden können.

Kasuelle Theologie reflektiert den Gestus des Gebetes, in dem sich unmittelbar Wünsche, Not, Vertrauen, Dank und Freude aussprechen. Von den Betroffenen her kann dabei eine Erweiterung der Perspektive erlebt werden: Die üblichen Bewältigungsmuster von Lebens- und Problemsituationen werden verlassen, wenn Erfahrungen vor Gott gebracht werden. Von den Betroffenen her gesehen wird dabei unweigerlich das, was der Fall ist, mit der Welt der Vorstellungen, Bilder und Begriffe von Gott verbunden. "Kirche bei Gelegenheit" nimmt diese transzendierende Bewegung der Betroffenen auf oder ruft sie durch entsprechende Angebote auch erst hervor. Mehr als eine Öffnung der Lebenssituation auf den Gott hin, der mitgeht, ist das Anliegen von Kirche bei Gelegenheit zunächst nicht, aber auch nicht weniger.

In KU-Praxis 21 schildert der Gemeindepfarrer Fritz Koppe seine widerstreitenden Gefühle und Gedanken am Konfirmationstag, als er seine Konfirmanden im geordneten Zug den Weg über die Straße und den Kirchplatz in die Kirche hineinführt. Dieser Weg wird für ihn zum Gleichnis für das, was Konfirmation bedeutet, und er kann auch ein Bild für die hier geschilderte erste Grundbewegung kasueller Theologie sein: "... Jetzt sind wir zusammen auf dem Weg dorthin, wo Gott uns gegenwärtig sein will ...". Vollzieht sich "Kirche bei Gelegenheit" hier gewissermaßen in

---

204 Vgl. G. Bitter, Artikel beten/lobpreisen. Handbuch Religionspädagogischer Grundbegriffe I, München 1986, 376: "... im Beten kommt ... Wahrnehmung Gottes mitten in unserem Leben zur Sprache."

geführter Form, so muß, um die ganze Breite von "Kirche bei Gelegenheit" in den Blick zu bekommen, auch das ganz andere Bild der offenen "City-Kirche" danebengestellt werden, die Menschen für kurze Zeit ohne organisiertes Arrangement einlädt und kein anderes Medium zur Verfügung stellt als einen Raum, vielleicht ein Kreuz, ein Fenster, oder etwa ein Seminar des KDA mit arbeitslosen Jugendlichen, wo Zeit und Personen zur Verfügung gestellt werden, damit Menschen sich in einer Lebenssituation orientieren und vergewissern können.

3.2.2 Christus - "mein ander Ich"

Gingen bei der ersten Grundbewegung, die kasuelle Theologie verantwortet, Problem- oder Lebenssituationen und Elemente der christlichen Tradition fast schwellenlos ineinander über, so ist jetzt im Zusammenhang des Glaubens an Jesus Christus auch die Differenz zwischen unmittelbarer Erfahrung und Glaube zu reflektieren. Gott wird Mensch, inkarniert sich, aber nicht allgemein und unspezifisch, sondern in der besonderen Gestalt und Geschichte des Jesus von Nazareth. Seine "story" verschränkt sich mit unserer (Gal. 2,20). "Ungetrennt", aber auch "unvermischt" liegen nach den Worten altkirchlicher Christologie Gottheit und Menschheit in ihm beieinander. Analog faßt kasuelle Theologie das Verhältnis zwischen "Fall" und christlicher Tradition auf.

Die Differenz zwischen unmittelbarer Erfahrung und Glaube kann beispielhaft an der Differenz und am Verhältnis von segnendem und rettendem Handeln Gottes bei Taufe und Konfirmation verdeutlicht werden. Bei diesen Amtshandlungen führt das Bedenken von Gottes segnendem Handeln dazu, die Situation der betroffenen Familie ernst zu nehmen. Auf der anderen Seite muß sich eine Interpretation gerade dieser Amtshandlungen im Horizont von Gottes segnendem Handeln damit auseinandersetzen, daß z.B. die Taufe traditionell ausgesprochen "rettungsgeschichtlich" interpretiert wird: als Befreiung von Sünde und Tod. Ist es dann nicht eine Sinnreduktion, die Taufe eher mit dem schöpfungsmäßig-biographischen Datum der Geburt zu verbinden, statt mit der "Wiedergeburt", und in der Lebenswende den Gehalt der Taufzusage "wiederzuerkennen"?

119

Die Diskussion um Taufe und Konfirmation zeigt, daß solche Sorgen aus der Perspektive der Gemeinde immer wieder entstehen, aber nicht das letzte Wort in dieser Angelegenheit haben müssen:

1. Zunächst ist entscheidend, daß man sich die perspektivische Bedingtheit der Sorge um die Sinnreduktion klarmacht. Sie erwächst gleichsam aus dem Blickwinkel von innen nach außen. Von den Betroffenen her sieht dasselbe Geschehen ganz anders aus. Wir wiesen schon darauf hin, daß hier keine Sinnreduktion erlebt wird, sondern im Gegenteil ein Sinngewinn, eine "Verifikation", eine Erweiterung der Perspektive.

2. Wenn kasuelle Theologie Aussagen vom rettenden Handeln Gottes auf solche Problem- und Lebenssituationen zuspitzt, in denen es um Gottes Segen geht, so trifft das Wort vom rettenden Gott den Geltungsbereich der Situation nicht nur, sondern transzendiert ihn zugleich. Biographisch gewendete Aussagen vom Rettungshandeln Gottes enthalten einen Mehrsinn, der durch die Konkretion nicht verlorengeht, *sondern vielmehr erst wirksam wird.* Die Verengung von Gottes rettendem Handeln auf biographische Situationen hin kann zugleich die Öffnung der konkreten Lebenssituation, ja aller Lebenssituationen, auf den rettenden Gott hin werden. Wenn biblische Texte und Gestalten als Spiegelungen für bestimmte, biographische Erfahrungen und Situationen verwendet werden, dann ereignet sich höchstens abstrahiert von der Verkündigungs- oder Lernsituation eine Sinnreduktion des biblischen Textes. Je intensiver die Hörer, die Teilnehmer, die Lerngruppe sich selbst und ihre eigenen Erfahrungen z.B. in der biblischen Geschichte entdecken, desto mehr wirkt die Geschichte ihrerseits auf die, die mit ihr umgehen. Die Dynamik der fremden Geschichte beeinflußt die Sicht der eigenen. Ist man erst einmal in der Geschichte "drin", so wird man von ihr mit auf einen Weg genommen. Sie provoziert "eine Erfahrung mit der Erfahrung" (Ebeling). Der Weg zur Transzendierung der eigenen Erfahrung und Sicht verläuft über die Identifizierung eigener Erfahrung im Fremden. Das "Wiedererkennen" der biblischen Geschichte in der Gegenwart verändert die Sicht und Wertung der Gegenwart.

Aus der Literaturgeschichte kann eine interessante Analogie zu diesem Vorgang herangezogen werden. 1958 hat der Germanist Albrecht Schöne Studien zur Dichtung deutscher Pfarrersöhne mit dem Titel "Säkularisation als sprachbildende Kraft"[205] vorgelegt. Er verfolgt darin, wie sprachliche Formen und Strukturen, vorgebildete Begebenheiten, Verhaltensweisen und Denkfiguren aus dem religiösen Bereich, in dem sie gebildet wurden, in den weltlichen Bereich überführt werden. Schöne macht deutlich, daß dieser Vorgang keine Auflösung des religiösen Bereichs oder Zerstörung des religiösen Sinns mit sich bringt: "... Da die sprachliche Säkularisation ja keine materiellen Güter erfaßt, gibt der Ursprungsbereich sich nicht aus, er bleibt unerschöpflich fruchtbar. Deshalb ist Säkularisation in der Sprache ein Umsetzungs- oder richtiger ein Ausstrahlungsprozeß ... Da also die Sprache bewahrt, was sie empfing, ist immer, wenn die im religiösen Raume ausgebildeten Formen in der Dichtung sichtbar werden, auch ihr Ursprungsbereich selber mit im Spiele".

Ein durchaus ähnlicher "Ausstrahlungsprozeß" ereignet sich in der kasuellen Verkündigung der Kirche bei Gelegenheit, der christologisch, mit Hilfe der Inkarnation, verstanden werden soll. Die Botschaft von Jesus Christus darf im Zeichen der Menschwerdung Gottes "okkasionell" - fallbezogen zugespitzt werden. Aber: was gerade der Fall ist, ist nicht das ausschließliche Wirkgebiet dieser Botschaft. Was fallbezogen theologisch gesagt wird, weist über den Fall hinaus und transzendiert ihn, enthält Potentiale, die über den Fall hinaus wirken, je mehr sie sich gerade auf das beziehen, was der Fall ist. Was fallbezogen gesagt wird, hat also gleichsam Fenster und Türen auf etwas, was mehr ist als das, was Beteiligte jetzt schon wissen. Man kann hier an die Wirkweise des Symbols denken. Die sich dem Bekenntnis zur Menschwerdung Jesu Christi verdankende Pointe kasueller Theologie ist, daß sie die christliche Wahrheit so einbringt, daß sie, indem sie fallbezogen ist, zugleich den Fall transzendiert. Was der Fall ist, schließt die biblische Geschichte auf, und die Geschichte als geöffnete Tür läßt in einem neuen Licht sehen, was der Fall ist. "Kirche bei Gelegenheit" nimmt in dieser Hinsicht also nicht einfach eine vorhandene Bewegung auf und verlängert sie, sondern lädt ein, im Fremden das Eigene und das, was mehr ist als alles Eigene, zu entdecken, damit das Fremde das Eigene in Neues verwandelt. Diese Bewegung kann man, eine Wendung

---

[205] Göttingen 1958, Zitat 251.

von Zinzendorf[206] im Sinn von Gal. 2,20 varriierend, in die Formel fassen, Christus sei "mein ander Ich"; oder nicht individualistisch formuliert: die neue Schöpfung. Suchen die Menschen bei den Kasualien die "Rechtfertigung" oder "Heiligung" von Lebensgeschichten, so kommt die Kirche diesem Wunsch in der Weise nach, daß sie bei den Gründen für die Rechtfertigung auf die Geschichte Jesu Christi verweist. Die Erinnerung dieser Geschichte enthält Potentiale, die über Anlaß und Gelegenheit hinausgehen, und weist hin auf eine endgültige Bestätigung der Rechtfertigung des Menschen, die menschlichem Machen gänzlich entzogen ist.

3.2.3 Der Geist, der in die Wahrheit führt

Bezieht sich das segnende Handeln Gottes auf den Fortgang und die Öffnung der Lebensgeschichte, so das messianische auf deren endgültige Rechtfertigung. Das Verhältnis zwischen dem Fortgang und der Öffnung der Lebensgeschichte auf der einen Seite und der Verheißung eschatologischer Vollendung auf der anderen Seite ist nun im Zeichen des Bekenntnisses zum Heiligen Geist zu bedenken.

Das Werk des Heiligen Geistes wird traditionell mit "Heiligung" umschrieben. "Heiligkeit ... ist das Symbol dafür, daß sich die neue in der alten Welt zu erfahren geben kann, wenn auch gerade nicht in der Weise der Identität".[207] Das Werk des Heiligen Geistes ist also eine Identifizierung und zugleich eine Differenzierung. Der heilige Geist verifiziert die christliche Wahrheit in den Erfahrungen der Gegenwart (3.1.) und hebt die Spannung zwischen den Erfahrungen der Gegenwart und der christlichen Wahrheit nicht auf (3.2.2), indem diese Erfahrungen nur auf die christliche Wahrheit verweisen, diese aber nicht sind.

Wir versuchen uns diesen Zusammenhang klarzumachen, indem wir bei der Tatsache einsetzen, daß der "Fall", die "Gelegenheit", der "Anlaß", der

---

206 Vgl. D. Meier, Christus - mein ander Ich - Zu Zinzendorfs Verhältnis zur Mystik, in: W. Böhme (Hg), Zu Dir hin. Über mystische Lebenserfahrung, Frankfurt 1987.

207 Rössler, Grundriß 270.

sowohl einer Kasualie wie z. B. einer Akademietagung zugrunde liegt, eine Spannungssituation ist (vgl. 2.1.2). In einer solchen Spannungssituation, einer solchen Krise bewegt sich, verändert sich etwas und verändern sich Menschen. Tagung wie Kasualie sind auf einen Prozeß bezogen. Dieser kann unter einer zweifachen Perspektive erscheinen: a) unter der Perspektive des Handelns, das von außen reagiert und vorhandenes Wissen zur Bewältigung der Situation einsetzt, b) unter der Perspektive der Erfahrung, die ein Innenprozeß ist.[208] Hier geschieht in den Betroffenen durch das, was der Fall ist, selbst etwas, im Gegensatz zum Außenprozeß, wo jemand das, was der Fall ist, selbst verändert. Im Außenprozeß sieht man die Strategien und Ergebnisse der Veränderung. Der Innenprozeß bleibt zunächst unsichtbar. Was von außen betroffen macht, verändert Denken und Fühlen im Innern, verwandelt das Subjekt. Geht es beim Außenprozeß um die Anwendung des Gelernten, so beim Innenprozeß um den Vorgang des neu Lernens, Orientierens und Gewißwerdens. Beides, Außenprozeß wie Innenprozeß, wird in der Regel miteinander verschränkt sein, und beides läßt sich im Zeichen des segnenden Handelns Gottes interpretieren.

Kirche bei Gelegenheit schafft durch Angebot von Raum und Zeit Gelegenheit für die Entfaltung von solchen Außen- wie Innenprozessen. Die theologische Qualität dieser Prozesse, von "Gelegenheiten", von "Anlässen", ist, daß sie Gleichnisse der eschatologischen Verwandlung werden und so auf die christliche Wahrheit verweisen können. Die neue Welt gibt sich dann in der alten zu erfahren, wenn auch gerade nicht in der Weise der Identität.

Christian Link[209] hat die Bewegung beschrieben, in der ein Stück Welt zum Gleichnis des Reiches Gottes werden kann. "Es ist, um an ... Matthäus 6, 26ff. anzuknüpfen, nicht schon die ins Auge fallende Sorglosigkeit, die Lilien und Raben zum Gleichnis macht: Es ist das 'Sehen', das sich Ansprechenlassen. Was geschieht hier? Ich sehe die Lilien, ich sehe aber zugleich auch etwas, was mir bei der bloßen Objektwahrnehmung verborgen bleibt und doch dazu gehört: mich selbst. ... Diese Bewegung, ... in der ich gleichsam durch die Wahrnehmung der Lilien hindurch zu mir selbst zurückkehre, ... ist die Bewegung des Gleichnisses". Der "Anlaß" hat gera-

---

208 Vgl. A. M. Müller, Die reparierte Zeit, Stuttgart 1972, 120ff.,405ff.
209 Die Welt als Gleichnis, München 1976, 309.

dezu den Charakter des Subjektes, das den Menschen anspricht, ihn auffordert, sich auf die Wirklichkeit Gottes einzulassen. Das Gleichnis wiederholt die christliche Botschaft in der Sprache der Gelegenheiten und weist so auf Christus hin.

Die Macht der Verweisung auf Christus ist der Heilige Geist. Die Verweisung in der Sprache der Dinge und Anlässe ist also nicht "machbar", kann nicht in der Art einer Leiter äußerlich, Sprosse für Sprosse konstruiert werden. Wohl aber muß das in den Raum gestellt werden, was das Gleichnis wiederholen soll. Was Augustin vielleicht etwas zu technisch so formuliert: Kommt das Wort zum Element, wird es Sakrament, - gilt entsprechend von den Anlässen und Gelegenheiten: Damit es zu einer Verweisung des Anlasses auf Christus kommen kann, muß das Wort genannt werden.

Es gibt eine Tradition, die die Entstehung des Glaubens als Zusammenklang von verbum externum und testimonium spiritus sancti internum denkt.[210] In einer kasuellen Theologie müßten wir demgegenüber vom Zusammenklang von Anlaß und verbum externum durch den Geist sprechen.

Natürlich werden in dem, was der Fall ist, viele Stimmen laut. Aber ehe reduktionistisch nach einer Begrenzung dessen gerufen wird, was Gleichnis sein kann, wäre es angemessener, sich der möglichen Weite des Wirkens des Heiligen Geistes[211] zu stellen. Rudolf Bohren hat der Monotonie des Christusbekenntnisses die "Polyphonie" des Geistes gegenübergestellt.[212] Bedenken wir die vielfältigen Stimmen des Anlasses und der möglichen Anlässe im Zusammenhang des Glaubens an den Heiligen Geist, so wird einerseits das theologische Recht der Polyphonie deutlich, andererseits deren Grenze. Der Heilige Geist transzendiert die vielen Stimmen auf Christus hin. Die Stimmen der Anlässe sollen die Wahrheit des Evangeliums nicht ersetzen, sondern wiederholen - in vielfältiger

---

210 Martin Luther, De servo arbitrio, Clemen III, 100ff.

211 Damit wird der Heilige Geist auch nicht mehr einseitig von Christus her verstanden (wie es in der Ablehnung des filioque durch die Ostkirche zum Ausdruck kommt, vgl. Ritschl, Logik 201f., ferner P. Tillich, Systematische Theologie, Band 3, Stuttgart 1966), sondern gewissermaßen auf Christus *hin*.

212 Predigtlehre, München 1971, 73ff.

Sprache und vielfältiger Weise. "Kirche bei Gelegenheit" wäre ein unmögliches Unterfangen, wenn in den Gelegenheiten nicht selbst eine Stimme vernehmbar wäre, die den Ruf zum Glauben wiederholt und in der die christliche Wahrheit "wiedererkannt" (vgl. 3.1) werden könnte.

Das Urbild dessen, daß polyphones Reden in Einheit zusammenklingt, ist Pfingsten. Hier hört jeder in seiner Sprache, in seinem Fall die großen Taten Gottes. Im Deutschen Evangelischen Kirchentag hat die Kirche selbst gewagt, gewissermaßen einen Rahmen für Pfingsten äußerlich zu organisieren. Beim Kirchentag werden viele Betroffenheiten der Zeit laut, und manche hören in ihrer Sprache die "großen Taten Gottes". Daß Erfahrungen und Engagements transparent werden oder bleiben für die mit keinem Engagement identische Wahrheit der Person Christi, ist Chance von "Kirche bei Gelegenheit".

4   Schlußbemerkungen

1. Unser Gang durch die Stätten von "Kirche bei Gelegenheit" hat uns Gründe (2.1) und Möglichkeiten (2.2 und 3) für gelegentliche Kirchlichkeit erkennen lassen. Der Begriff "gelegentliche Kirchlichkeit" ist freilich mißverständlich. Gelegentlich ist nicht die Mitgliedschaft in der Kirche, ihre grundsätzliche Bejahung, vorübergehend ist die aktive Nutzung und Inanspruchnahme der Kirche. Aus Anlässen des Lebensalltags nutzen Menschen kirchliche Angebote, um - allgemein formuliert - ihren Alltag "besser" bestehen zu können. In der Erwachsenenbildung und der Akademiearbeit begegnen sie einer Kirche, die dem Lebensalltag dienen will, indem sie Familie, Beruf und Gesellschaft als Realisierungsraum des christlichen Lebens ernst nimmt. Die Kirche ihrerseits verwirklicht in diesen Einrichtungen exemplarisch ihre Mitverantwortung für die Kultur des persönlichen Lebens und das Miteinander in der Gesellschaft.

Kirche, die sich so "nutzen" läßt, hat keine Angst davor, ausgenutzt zu werden. Die Einrichtungen für "Kirche bei Gelegenheit" bezeugen kirchliches Selbstbewußtsein - oder genauer gesagt: das Vertrauen der Kirche, daß die christliche Wahrheit die Konfrontation und Vermischung mit dem, was jeweils der Fall ist, nicht allein aushält, sondern dessen bedarf.

Ein nicht-dualistisches Verständnis von Kirche und Welt gehört so zu den tiefsten Voraussetzungen und Bedingungen für das Entstehen von Einrichtungen für "Kirche bei Gelegenheit" wie für die Sorge um die Biographie, die sich in den Kasualien bekundet. Je mehr die Kirche sich - aus welchen Gründen auch immer - in Distanz zur Gesellschaft und zur sie umgebenden Kultur empfindet, desto ferner liegt für sie eine kirchliche Erwachsenenbildung oder Akademiearbeit. Denn diese Institutionen zeigen nicht nur die grundsätzliche Akzeptanz der Kirche in der Gesellschaft, sondern auch umgekehrt die grundsätzliche Akzeptanz der gesellschaftlichen Möglichkeiten durch die Kirche. In ihnen realisiert die Kirche ihre Mitverantwortung für die "Privatreligion" der Menschen, für das "Christentum außerhalb der Kirche" und die Ordnung der Gesellschaft.

In der Dominanz des Themas Gemeindeaufbau, in der vorherrschenden Konzentration auf Gemeindebildung am Ort, tritt darum das Mißtrauen der Kirche gegenüber den gegenwärtigen kulturellen und gesellschaftlichen

Möglichkeiten in Erscheinung: Man besinnt sich auf das Eigene im Unterschied zum Fremden. So notwendig dieses Geschäft zuzeiten ist, so genau muß die Gefahr gesehen werden, daß man *dabei selbst in dem Maße Entfremdung zur Kirche produziert,* in dem man die "Welt" in Distanz zur Kirche sieht. Kirche ist nie nur Opfer, sondern immer auch Täter gesellschaftlicher Entwicklungen. "Kirche bei Gelegenheit" bringt von Fall zu Fall die Gelegenheit, diese Spirale wechselseitiger Entfremdung zu durchbrechen. Sie ist eine Gegenbewegung zur "Emigration der Kirche aus der Gesellschaft" (Matthes).

2. "Kirche bei Gelegenheit" bedeutet kirchliche Vielfalt, weil sie unterschiedliche Erfahrungsräume der christlichen Wahrheit postuliert. Diese Pluralität in der Kirche wurde in der Arbeit nie als Last, sondern als Lebendigkeit verstanden. Sie ist die notwendige Folge davon, daß die christliche Wahrheit in unterschiedlichen Lebenssituationen heimisch werden kann, wie der Möglichkeit, daß viele Anlässe sozusagen Gleichnis der christlichen Wahrheit werden können.

Angesichts neuer fundamentalistischer Kritik am Pluralismus der Volkskirche und der Tendenz zu freien Gemeindegründungen mit uniformer Ausrichtung (Kopfermann), ist der positive Sinn von Pluralität in der Kirche wiederzugewinnen. Er verbindet das Wissen um den einen Bezugspunkt des Glaubens mit dem Wissen um die legitime Vielfalt der Beziehungen zum einen Herrn der Kirche. Matthias Claudius hat die treffende Metapher gebraucht: "... Daß der Rock des Heilands ungenäht gewesen ist; das Kleid der Kirche aber buntscheckig."[213]

Die Kirche muß sich auf die Lebensverhältnisse der Menschen einlassen; so kommt es zu Differenzierung und Buntheit kirchlicher Arbeit. Die Kirche muß sich zugleich als Gemeinschaft bewähren; so entsteht die Aufgabe, Kommunikation innerhalb der Kirche organisatorisch zu sichern und zu fördern.[214] In der Verbindung von Differenzierung (nach außen) und Kommunikation (nach innen) liegt das eigentliche Problem aller kirchlichen Arbeits- und Strukturplanungen. Es wäre die falsche, weil die

---

[213] Sämtliche Werke, München 1966, 557.

[214] K. Baschang/K. Nagorni/M. Nüchtern/W. Raupp/W. Schmidt, "Der Rock des Heilands ist ungenäht, das Kleid der Kirche aber buntscheckig". Thesen zur volkskirchlichen Situation: DtPfrbl (1991) 10ff.

Wirksamkeit christlicher Wahrheit amputierende Lösung, das gesamte kirchliche Handeln an die Gemeinde zurückbinden zu wollen. Die Zukunftsaufgabe für die Kirche am Ende des 20. Jahrhunderts besteht darin, Strukturen der Kommunikation zu entwickeln, die von einer Gleichwertigkeit parochialer und nichtparochialer Dienste ausgehen und so die gelegentliche Kirchlichkeit deutlich rehabilitieren.[215] Die Ortsgemeinde ist Teil in einem Netz und nicht mehr in dem Sinn die Mitte, daß alle kirchliche Aktivität ihr zuarbeiten, sich in ihr zeigen und um sie kreisen müßte. Solche, gewissermaßen vorkopernikanische Sicht muß "gewendet" werden, will man die Wirklichkeit nicht verlieren. Die vielfältigen kirchlichen Dienste kreisen - um im Bilde zu bleiben - vielmehr um die christliche Wahrheit. Die Einheit in der Pluralität zeigt sich so im Vollzug der Dienste, sie ist eher Nebenwirkung als Selbstzweck.

3. Die Besichtigung der Stätten punktueller Begegnungen mit Kirche sollte der Arbeit in der Gemeinde zugute kommen. Sie sollte dazu beitragen, daß man sich hier mit den Fällen versöhnt, wo die Ortsgemeinde auf ihre Weise "Ambulanz", Stätte punktueller Begegnung mit der christlichen Wahrheit ist: bei den Kasualien. Die Gemeinde dient hier in ähnlicher Weise wie eine zielgruppenorientierte Veranstaltung der Erwachsenenbildung oder eine Tagung der Akademie dem Lebensalltag der Betroffenen. Die nichtparochialen Dienste können von den Kasualien der Gemeinde am meisten den rituellen und gottesdienstlichen Zielpunkt lernen, während die Kasualien von den nichtparochialen Diensten den realistischen Blick auf die konkrete Gelegenheit und die begrenzte Zeit übernehmen können. Es ist mein Eindruck, daß es nicht an praktischem Material für eine lebensorientierte Kasualpraxis fehlt, sondern an einer theologischen Perspektive, es zu nutzen und einzusetzen.

Die Hinsicht auf die anderen Einrichtungen der Kirche entlastet von dem Anspruch, in der Gemeinde umfassend Begegnung mit der christlichen Wahrheit organisieren zu wollen. Die Ortsgemeinde kann sich aber sehr wohl fragen, wo und wie sie weitere Gelegenheiten für kasuelle Dienste entdecken kann, die in ihre natürliche Kompetenz fallen.[216] Nicht-

215 Interessante Anregungen: H. C. Stoodt, Formen kirchlicher Arbeit an der Schwelle von der Industrie- zur Risikogesellschaft: PT 1991, 116ff.

216 Peter Cornehl hat diese Aufgabe mit der Formel "Gottesdienst als Integration" bezeichnet (HPTh, 3, 59ff.). Er fordert damit letztlich Kreativität und Findigkeit

parochiale Dienste könnten ermutigende Exempel für die Gemeinde sein. All dies heißt nicht, daß sich die Bedeutung der Ortsgemeinde darin erschöpft, auch "nur" Agentur, Ambulanz, "Kirche bei Gelegenheit" zu sein. Vor allem durch die Regelmäßigkeit ihres Gottesdienstes verleiht die Ortsgemeinde auf ihre Weise der alle Gelegentlichkeit und alle Fälle transzendierenden christlichen Wahrheit Gestalt. Auf diesen Dienst bleiben alle Agenturen und Ambulanzen der Kirche angewiesen, um selbst auf das verweisen zu können, was mehr ist als der Fall und alle Fälle: Gott. Denn die Frage nach Gott bei Gelegenheit ins Spiel zu bringen und Gelegenheiten für diese Frage zu schaffen, ist die Absicht von "Kirche bei Gelegenheit".

im Aufspüren neuer Kasualien und im festlichen Feiern der alten (ders., Zustimmung zu Leben und Glauben. Eine Besinnung auf den Sinn der Feste und Feiertage: PTh 74, 1985, 410ff.).

Namensregister